SOTA AI 모델

인공지능총서

인공지능 시대입니다. 기계가 인간의 인지를 대신하고, 사물이 인간을 통하지 않고 다른 사물과 직접 커뮤니케이션합니다. 이에 따른 인간 삶과 문명 변화를 정확히 이해 · 예측 · 대응하는 것은 이 시대 우리 모두의 과제입니다. 인공지능총서는 인공지능 기술과 환경의 여러 주제를 10가지 키워드로 정리합니다. 관련 개념과 이론, 학계와 산업계의 쟁점, 우리 일상의 변화를 다룹니다. 인간과 기술의 현재, 미래를 세심히 분석합니다.

일러두기

- 인명, 작품명, 저서명, 개념어 등은 한글과 함께 괄호 안에 해당 국가의 원어를 병기했습니다.
- 외래어 표기는 현행 어문규정의 외래어표기법을 따랐습니다. 다만 '딥러닝', '딥마인드', '딥페이크' 등은 관행을 따랐습니다.

SOTA AI 모델

황세웅

대한민국, 서울, 커뮤니케이션북스, 2025

SOTA AI 모델

지은이 황세웅
펴낸이 박영률

초판 1쇄 펴낸날 2025년 3월 17일

커뮤니케이션북스(주)
출판 등록 2007년 8월 17일 제313-2007-000166호
02880 서울시 성북구 성북로 5-11
전화(02) 7474 001, 팩스(02) 736 5047
commbooks@commbooks.com
www.commbooks.com

ISBN 979-11-7307-819-4 03500

책값은 뒤표지에 표시되어 있습니다.

차례

AI 타이탄의 도구: SOTA AI 모델 vii

01 AI 모델의 기본 개념 1

02 SOTA AI 모델의 이해 11

03 주요 SOTA AI 모델 소개 25

04 SOTA AI 모델 활용 도구 39

05 SOTA AI 모델 활용 가이드 49

06 SOTA AI 모델의 미세 조정 61

07 활용 사례로 본 SOTA AI 73

08 SOTA AI 모델의 한계와 래그(RAG) 85

09 SOTA AI 모델의 미래 전망 97

10 최신 SOTA 모델 정보 학습 가이드 109

AI 타이탄의 도구: SOTA AI 모델

AI 혁명의 문턱에서: 왜 SOTA AI 모델인가?

AI의 역사는 혁신과 도전의 연속이었다. 1950년대 초반, 앨런 튜링이 "기계가 생각할 수 있는가?"라는 질문을 던지며 AI 연구의 서막을 열었고, 1956년 다트머스 콘퍼런스에서 인공지능이라는 용어를 처음으로 공식화하며, 실질적인 기술 개발이 이루어지기 시작했다. 이후 1960~1970년대에는 전문가 시스템과 같은 초창기 AI 시스템이 등장했다. 당시의 AI는 단순한 규칙 기반 시스템에 의존했으며, 오늘날과 같은 자율적이고 유연한 능력을 보여 주지는 못했다.

1980~1990년대에는 컴퓨팅 성능의 발전과 함께 신경망이 재조명되면서 새로운 가능성을 보여 주었다. 이 시기에는 오차 역전파(error backpropagation) 알고리즘이 주목받기 시작했다. 오차 역전파는 신경망 학습 과정에서 출력층의 예측값과 실젯값의 오차를 계산해 이를 신경망 구조의 역방향으로 전달하며 각 신경망 노드의 가중치를 갱신하는 방식이다. 이를 통해 모델은 점진

적으로 예측 성능을 개선할 수 있었고, 신경망의 실질적 활용 가능성을 높였다. 하지만 데이터와 계산 자원의 부족으로 인해 한계에 직면했다. 이로 인해 "AI 겨울"로 알려진 정체기가 찾아왔고, 연구와 산업적 지원이 감소하는 어려움을 겪었다.

하지만 2000년대 이후, 딥러닝의 등장과 함께 AI는 전환점을 맞았다. 특히, 2010년대에 들어 컴퓨팅 성능의 비약적인 발전과 빅 데이터 기술 및 환경이 갖춰지면서 AI 기술은 다시 한번 도약을 했다. 이미지넷(ImageNet)과 같은 대규모 데이터 세트와 이를 활용한 딥러닝 모델의 성공은 SOTA AI 모델의 탄생을 촉진했다. 이 시기에는 알렉스넷(AlexNet), 레스넷(ResNet), 그리고 트랜스포머(Transformer)와 같은 모델이 등장하며 AI 기술의 새로운 시대를 열었다.

SOTA는 "State-of-the-Art"의 약자로, 특정 분야에서 가장 앞선 성능을 보이는 기술이나 모델을 의미한다. 이러한 모델들은 고성능 컴퓨팅, 대규모 데이터 세트, 그리고 혁신적인 알고리즘의 결합을 통해 기존의 기술적 한계를 뛰어넘는다. 트랜스포머 기반의 GPT 시리즈는 자연어 처리에서, 알파폴드(AlphaFold)는 단백질 구조 예측에서, 스테이블 디퓨전(Stable Diffusion)이나 달리

(DALL-E)는 이미지 생성에서 대표적인 SOTA 모델로 인정받고 있다. 이들 모델의 공통점은 단순한 성능 향상에 그치지 않고, 해당 분야의 패러다임을 근본적으로 변화시킨다는 데 있다(Mondal, 2020).

SOTA 모델의 또 다른 중요한 특징은 범용성이다. 예를 들어, GPT 모델은 언어 생성뿐만 아니라 번역, 요약, 코드 작성 등 다양한 작업에 활용할 수 있다. 비전 트랜스포머(Vision Transformer, ViT)는 컴퓨터 비전(Computer Vision)에서 이미지 분류, 물체 감지, 군집화 같은 작업에서 기존 CNN 기반 모델보다 효율적이고 정확한 성능을 보였다. 예를 들어, ViT는 의료 영상 분석, 자율 주행 차의 환경 인식, 그리고 원격 탐사와 같은 분야에서도 사용되고 있으며, 특히 비전 작업에 비효율적이라 여겼던 비정형 데이터에서도 유의미한 결과를 도출하고 있다. 이처럼 SOTA AI 모델은 한 가지 작업에 국한되지 않고 다방면으로 응용 가능성을 넓히고 있다.

SOTA AI 모델은 단순히 기술적인 발전을 넘어, 의료, 금융, 교육 등 다양한 산업에 혁신을 가져왔다. 오늘날의 AI는 이미지 인식, 자연어 처리, 강화 학습 등 여러 분야에서 인간의 능력을 능가하거나 보완할 수 있는 수준에 도달했다. AI는 단순한 미래 기술이 아니라 현재와 미래의 산업, 연구, 사회적 변화를 이끄는 핵심적인 도구다. AI 기술은 점점 더 빠르게 발전하고 있으며, SOTA 모델은 그 중심에 서 있다.

SOTA AI 부흥의 시작: 트랜스포머와 자연어 처리의 혁신

AI 분야에서 인간과 기계가 자연어를 사용해 상호 작용할 수 있는 기술은 오랫동안 중요한 과제로 여겨져 왔다. 언어는 인간의 사고와 의사소통의 본질적인 매개체로, 이를 이해하고 생성할 수 있는 능력은 기계가 단순한 계산 도구에서 벗어나 인간과 더 유사한 역할을 할 수 있도록 만든다. 코드 기반 명령어를 사용하는 기존의 컴퓨터와 인간의 소통 방식은 프로그래머 등 전문가들 사이에서는 효과적일 수 있었으나, AI 기술의 대중적 확산에는 한계가 있었다. 대다수 사용자에게는 직관적이지 않고 접근성이 낮아, 일반적인 응용 환경에서 활용성이 낮았다. 따라서 자연어를 통해 기계와 상호 작용할 수 있는 기술은 AI의 잠재력을 최대한 실현하는 핵심 요소로 떠올랐다. 그러나 자연어 처리(Natural Language Processing, NLP)는 긴 역사 동안 여러 도전에 직면해 왔다.

초기의 자연어 처리 시스템은 규칙 기반 접근법에 의

출간 도서

AGI, 인공일반지능의 이해
AI 교육의 이론과 실제
AI 규제법
AI 글로벌 패권 경쟁
AI 기반 미래 융합 기술
AI 데이터 분석
AI 디자인, 개념과 과제
AI 로봇 윤리
AI 물류 혁명
AI 미디어 리터러시 교육
AI 비즈니스, 생명 가치 경영*
AI 상상권력
AI 스포츠 미디어
AI 시대 질문의 기술
AI 시대의 글쓰기
AI 시대의 데이터과학자
AI 시대의 창작
AI 시대의 PD
AI 안과 밖에서 젠더
AI 알고리즘의 이해
AI 에듀테크와 행동과학
AI 에이전트와 사회 변화
AI 에이전트와 자동화
AI 위험과 인간의 대응
AI 자율주행
AI 정부
AI 채용과 해고
AI 콘텐츠 크리에이터
AI 페르소나
AI 핀테크와 재테크
AI 필로소피 인사이트
AI 행정과 법
AI 화가와 인간 화가
AI, 그리고 인간의 고립과 연대
AI, 발명과 특허
AI, 차별, 소통
AI로 영화 글쓰기
AI로 PR하기
AI를 이용한 사회과학 연구*
AI싱킹과 협업 지성
AI에 대한 지구촌 행동
AI와 가상현실
AI와 감성·경험 데이터
AI와 개발자
AI와 거버넌스 정치
AI와 공감
AI와 공공데이터
AI와 과학 교육
AI와 광고
AI와 광고 영상 프로덕션*
AI와 광고 트렌드
AI와 기술 영상
AI와 뇌
AI와 뉴스
AI와 다름의 발견
AI와 디자이너의 변화
AI와 디지털 휴먼
AI와 딥페이크 음란물
AI와 레토릭
AI와 리더십
AI와 만화
AI와 만화·웹툰의 진화
AI와 물리학
AI와 미디어 아트의 진화
AI와 미디어아트
AI와 불공정 행위
AI와 빅데이터 기반 예측
AI와 사회복지
AI와 수산업
AI와 수학
AI와 스마트홈
AI와 스토리텔링
AI와 스포츠
AI와 신용평가
AI와 아트세러피
AI와 악의 평범성
AI와 엔터테인먼트
AI와 역사학
AI와 연구자들, 사례와 방법
AI와 영상 제작
AI와 영상 콘텐츠
AI와 영어 교육
AI와 영화미술
AI와 영화의 디지털 휴먼
AI와 예비 교사 교육
AI와 예술
AI와 위험사회
AI와 음악
AI와 음악의 변화
AI와 의료 임상
AI와 인간 자유
AI와 인간의 공존
AI와 인간중심주의
AI와 인문학의 주제들
AI와 자연 언어
AI와 정치철학
AI와 제조 기업의 지속 성장
AI와 중등교사
AI와 직업 빅뱅
AI와 창작 패러다임의 전환
AI와 책임
AI와 철학의 전환
AI와 콘텐츠 스타트업
AI와 패션
AI와 프라이버시
AI와 피아노

'*' 표시된 책은 제목이 긴 도서입니다. 큐알 코드를 이용해 도서 목록에서 확인하세요.

존했다. 이는 인간 언어의 문법과 구문 구조를 분석해 특정한 규칙을 생성하고, 이를 통해 입력된 문장을 처리하거나 번역하는 방식이었다. 이러한 시스템은 일반적으로 전문가가 정의한 언어학적 규칙과 사전을 활용해 작동했으며, 문장 구조를 트리 형태로 분석해 의미를 추출하려고 시도했다. 예를 들어, 초창기 기계 번역 시스템에서는 명사, 동사 등의 품사를 규정하고 이를 문법적 순서에 따라 배열해 번역하는 방식을 사용했다. 이러한 접근법은 이론적으로는 합리적이었으나, 예외적인 문장 구조나 문맥적 요소를 처리하는 데는 한계를 보였다.

1990년대와 2000년대 초반에는 통계적 접근법이 도입되었다. 통계적 기계 번역(statistical machine translation, SMT)은 대규모 텍스트 데이터 세트에서 단어와 구의 출현 확률을 학습해 언어를 처리했다. 이 접근법은 이전의 규칙 기반 시스템에 비해 훨씬 유연하게 작동하며, 데이터에서 자동으로 패턴을 학습하는 능력을 갖추고 있었다. 특히 IBM의 연구팀은 단어 정렬(word alignment)과 문장 단위 번역 모델을 도입해 SMT의 효율성을 크게 향상했다. 단어 정렬은 번역의 원문 언어(소스 언어)와 번역된 결과 언어(대상 언어)의 단어 간 관계를 학습해 번역 품질을 높였으며, 문장 단위 번역은 문맥적 일관성을 유지하는 데 기여했다(Brown, et al., 1993). 그러나 이러한 방식은 긴 문맥을 완전히 반영하거나 복잡한 문장 구조를 이해하는 데는 여전히 한계를 보였다.

또 SMT 성능 평가를 위한 BLEU(Bilingual Evaluation Understudy)와 같은 자동 평가 지표가 개발되어 모델의 번역 품질을 정량적으로 측정할 수 있게 되었다. BLEU는 소스 문장과 대상 문장 간 유사성을 비교해 점수를 부여하며, 이후 NLP 연구와 개발에서 표준 평가 방식으로 자리 잡았다(Callison-Burch, et al., 2006). 이러한 발전은 언어 데이터의 활용을 활성화했으나, 여전히 단기적인 문맥 정보에 의존하는 경향이 있어 긴 문장을 처리하거나 복잡한 문장 구조를 완벽히 이해하는 데는 한계를 드러냈다.

2000년대 후반에는 신경망 기반의 방법론이 부상하며, 특히 시퀀스 투 시퀀스(sequence-to-sequence) 모델과 어텐션 메커니즘이 NLP에 도입되었다. 시퀀스 투 시퀀스 모델은 입력 데이터와 출력 데이터를 각각의 순차적인 시퀀스로 처리하며, 자연어 번역, 텍스트 요약과 같은 작업에 적합하게 설계되었다. 그러나 이 모델은 긴 문장을 처리하는 데 한계가 있었으며, 이를 보완하기 위해 어텐션 메커니즘이 도입되었다.

어텐션 메커니즘은 모델이 입력된 문장의 모든 단어를 동등하게 고려하는 대신, 각 단어가 문맥적으로 얼마나 중요한지를 동적으로 평가하는 방식이다. 여기서 '동적으로 평가한다'는 것은 모든 단어를 동일하게 처리하지 않고, 각 단어가 문장의 전체 맥락에서 얼마나 중요한 역할을 하는지를 실시간으로 가중치를 계산해 반영한다는 의미다. 이 과정에서 생성된 어텐션 가중치는 특정 단어가 출력 결과와 얼마나 밀접하게 연관되어 있는지를 나타낸다. 예를 들어, 구글(Google)의 내추럴 머신 트랜슬레이션(Neural Machine Translation, GNMT) 시스템은 어텐션 메커니즘을 사용해 긴 문장의 의존 관계를 효과적으로 모델링했다. 이를 통해 만들어진 번역 모델은 긴 문맥 정보를 유지하며 더 자연스러운 번역 결과를 생성할 수 있었다.

이러한 어텐션 메커니즘은 트랜스포머 모델로 이어지며 NLP 기술의 새로운 장을 열었다. 2017년, 구글의 연구팀이 발표한 트랜스포머 모델은 NLP의 패러다임을 바꾼 기술이었다. 트랜스포머는 어텐션 메커니즘을 단순히 보조 요소가 아닌 핵심 구조로 통합해, 문장의 각 단어가 다른 단어와 맺는 관계를 동적으로 파악할 수 있었다.

트랜스포머 모델의 핵심 구조는 크게 인코더와 디코더 두 가지로 나뉜다. 인코더는 입력된 문장의 단어를 처리하며, 디코더는 이를 기반으로 새로운 문장을 생성한다. 인코더는 입력 문장을 단어 단위로 분리한 뒤, 각 단어를 임베딩(Embedding) 벡터로 변환한다. 임베딩 벡터는 각 단어를 고정된 차원의 숫자 배열로 변환한 것으로, 기계가 언어 데이터를 수학적으로 처리할 수 있도록 돕는다. 의미적으로 유사한 단어는 더 가까운 벡터값을 가지도록 설계되어, 기계가 단어 간의 의미적 관계를 학습할 수 있게 한다.

이러한 임베딩 벡터는 셀프 어텐션(Self-Attention)과 피드포워드 신경망(Feedforward Neural Network)을 통해 처리된다. 셀프 어텐션은 입력된 각 단어가 문장 내 다른 단어들과 맺는 관계를 계산하며, 각 단어의 문맥적 중요도를 가중치를 통해 반영한다. 이는 문맥적 정보를 동적으로 학습해 입력 데이터의 핵심 정보를 효과적으로 추출한다. 예를 들어, "그는 사과를 먹었다"라는 문장에서, '그는'과 '먹었다'는 '사과'와 밀접한 관계를 가지며, 셀프 어텐션은 이러한 관계를 동적으로 반영한다.

피드포워드 신경망은 셀프 어텐션에서 처리된 정보를 추가로 변환해, 모델이 더욱 복잡한 패턴을 학습할 수 있도록 돕는다. 트랜스포머의 피드포워드 신경망은 각 단어를 개별적으로 처리하며, 두 개의 선형 변환과 활성화 함수(ReLU)로 구성된다. 첫 번째 선형 변환은 입력 데이터의 차원을 확장해 풍부한 표현을 가능하게 하며, ReLU 활성화 함수는 모델이 복잡한 패턴을 학습할 수 있도록 돕는다. 이후 두 번째 선형 변환은 차원을 다시 줄여, 입력과 출력 간의 일관성을 유지하면서도 필요한 정보를 압축한다. 이러한 과정은 모델이 언어 데이터에서 중요한 특징을 효과적으로 추출하고 다양한 패턴을 학습할 수 있게 한다.

디코더는 인코더의 출력과 이전에 생성한 단어들을 결합해 다음 단어를 예측하며, 이를 반복해 문장을 생성한다. 이러한 구조는 입력과 출력 간의 연관성을 효과적으로 모델링할 수 있도록 설계되었다(Vaswani, et. al., 2017).

트랜스포머는 이러한 구조적 설계에 더해 "포지셔널 인코딩(Positional Encoding)"을 추가해 단어의 순서 정보를 유지한다. 트랜스포머는 병렬 처리 구조로 설계되어 순차적 처리를 요구하지 않기 때문에, 단어의 위치 정보가 손실될 위험이 있다. 이를 해결하기 위해 각 단어 임베딩에 위치 정보를 추가해 순서를 명시적으로 모델에 제공한다. 포지셔널 인코딩은 사인(sin)과 코사인(cos) 함숫값을 기반으로 계산되며, 문맥적 정보뿐 아니라 단어 간 순서도 정확히 반영할 수 있다.

이 모든 요소를 통해 트랜스포머는 기존 RNN이나 LSTM보다 훨씬 효율적으로 병렬 처리를 수행하며, 대규모 데이터 학습에서 뛰어난 성능을 보여 준다(Radford, et. al., 2018).

트랜스포머 등장 이후, 이를 기반으로 다양한 모델이 개발되었다. 특히, 오픈AI(OpenAI)의 GPT(Generative Pre-trained Transformer)는 대규모 텍스트 데이터를 사전 학습(pretraining)해 특정 작업에 맞게 미세 조정(fine-tuning)하는 접근법을 도입했다. GPT 모델은 텍스트 생성, 번역, 요약 등 다양한 작업에서 뛰어난 성능을 보이며, 인간과의 자연스러운 상호 작용을 가능하게 했다. 예를 들어, 2020년 6월에 출시되었던 GPT-3는 1750억 개의 매개 변수를 활용해 인간 수준에 가까운 언어 생성 능력을 보여 주었고, 이는 고객 서비스, 콘텐츠 제작, 교육 등 여러 분야에서 실질적인 가치를 창출하고 있다.

트랜스포머와 GPT는 NLP뿐만 아니라 코드 생성, 데이터 분석, 게임 개발 등 다양한 분야로 확장되고 있다. 이 기술들은 기계가 인간의 언어를 더 잘 이해하고 응답

할 수 있는 기초를 마련했으며, AI 생태계 전반의 활성화를 이끄는 데 기여했다.

AI 시장의 성장과 사회 변화

AI 기술은 산업 전반에서 빠르게 확산되고 있으며, 글로벌 경제에서 점점 더 큰 비중을 차지하고 있다. 2023년 기준, 세계 AI 시장 규모는 약 5153억 달러로 평가되었으며, 2032년에는 약 2조 7404억 달러에 이를 것으로 전망된다. 이는 연평균 성장률(CAGR) 20.4%에 해당한다.

AI는 헬스 케어, 금융, 제조, 에너지 등 산업 전반에 걸쳐 중요한 역할을 하고 있다. 헬스 케어 분야에서는 진단 정확도를 높이고 신약 개발 시간을 단축하며, 제조업에서는 품질 관리와 자동화를 통해 생산성을 향상하고 있다. 금융업에서는 고객 데이터를 기반으로 맞춤형 서비스를 제공하거나, 사기 탐지를 통해 신뢰성을 강화하고 있다. 이처럼 AI는 단순한 기술적 도구를 넘어 각 산업의 경쟁력을 높이는 주요 동력으로 자리 잡았다.

한국에서도 AI 기술 도입이 빠르게 진행되고 있다. 2023년 기준, 국내 AI 기업 수는 2354개로 집계되었으며, AI 관련 인력 또한 5만1425명으로 연평균 30% 이상의 성장률을 보이고 있다. 국내 AI 기업의 총 매출은

2020년 약 2조 원에서 2022년 약 4조 원으로 두 배 이상 증가하며, 연평균 성장률 42.7%를 기록했다(류태웅, 2023).

이러한 성장은 여러 요인에 기인한다. 첫째, 국내 대기업과 스타트업의 적극적인 기술 개발과 도입이 주요 원동력이 되고 있다. 예를 들어, 삼성전자는 AI 기술을 자율 주행과 스마트 가전제품에 적용해 효율적인 에너지 관리와 사용자 맞춤형 기능을 제공하고 있다. LG전자는 AI 기반 스마트홈 플랫폼 싱큐(ThinQ)를 통해 사용자의 생활 패턴을 분석하고, 자동화한 편의 기능들을 개발하며 경쟁력을 강화하고 있다. 이러한 대기업의 투자 외에도, 네이버와 카카오는 AI 기반의 검색, 번역, 그리고 콘텐츠 추천 알고리즘을 고도화해 사용자의 경험을 크게 향상하고 있다. 또한 스타트업에서도 뷰노(VUNO)와 같은 기업이 의료 영상 분석 AI를 통해 병원에서의 진단 효율성을 높이고 있으며, 라이드플럭스(RideFlux)는 자율 주행 기술을 통해 교통 효율성을 개선하는 모델을 개발하고 있다. 둘째, AI와 관련한 데이터 활용 및 클라우드 기반 인프라의 확산은 중소기업의 AI 도입 장벽을 낮추고 있다. 예를 들어, AWS, 구글 클라우드(Google Cloud), 그리고 네이버 클라우드(Naver Cloud)와 같은 클라우드 서비스 제공 업체들은 비용 효율적이고 확장 가능한 AI 플랫폼 패키지 서비스를 다양하게 제공해, 중소기업이 고가의 하드웨어나 복잡한 기술 없이도 AI 솔루션을 활용할 수 있도록 지원하고 있다. 또한 캐글(Kaggle)과 같은 데이터 공유 플랫폼은 대규모 데이터 세트에 대한 접근성을 높이고 있고, 오픈 소스 도구인 텐서플로(TensorFlow)와 파이토치(PyTorch)는 AI 모델 개발과 학습의 효율을 매우 높여 준다. 이러한 환경은 중소기업이 AI 기반 서비스 개발에 참여할 수 있는 기회를 확대했다. 셋째, "디지털 뉴딜"과 같은 정부 정책 역시 스마트 공장, 의료 시스템, 공공 데이터 활용 등 다양한 분야에서 AI 솔루션 도입을 촉진하며, 연구비 지원과 산학협력을 통해 기술 개발과 인재 양성을 적극적으로 지원하고 있다. 이처럼 공공과 민간이 협력하며 AI 생태계를 강화하는 다각적인 노력이 국내 AI 시장의 성장을 뒷받침하고 있다.

AI 기술은 일하는 방식도 변화시키고 있다. 예를 들어, GPT와 같은 언어 모델은 프로그래머와 디자이너 등 전문 직업군에서 새로운 업무 도구로 활용되고 있다. 프로그래머는 GPT 기반의 코딩 보조 툴을 사용해 코드 작성과 디버깅 시간을 단축하고 있다. 특히, GPT를 비롯한

AI 도구가 개발자들의 생산성을 50% 이상 향상하는 사례가 보고되었으며, 일부 기업에서는 기존 팀의 규모를 줄이면서도 동일한 작업량을 처리할 수 있었다고 밝혔다(김영은, 2023).

디자이너는 스테이블 디퓨전, 미드저니(MidJourney) 같은 이미지 생성 모델을 활용해 창의적인 작업을 효율적으로 수행하고 있다. 이러한 AI 도구는 디자이너들이 시각 자료를 빠르게 제작하거나 아이디어를 시각화하는 과정을 간소화해 작업 시간을 최대 70%까지 단축하는 데 도움을 주기도 한다. 예를 들어, 한 디자이너는 AI 생성 이미지를 기반으로 광고 캠페인의 초기 시안을 제작해 클라이언트 피드백 과정을 신속하게 진행할 수 있었다(정석원, 2024). 이러한 변화는 인간의 창의성과 생산성을 증대하는 동시에, 반복적이고 시간이 많이 소요되는 작업을 자동화해 고부가 가치 업무에 집중할 수 있도록 돕는다. 앞으로 더욱 모든 직업군에 SOTA AI 기술은 필수 도구로 여겨질 것이다.

참고문헌

김영은(2023). 챗 GPT 1 년… 개발자가 필요없는 시대가 온다. ≪한경 BUSINESS≫, 1461, pp.23-23.

류태웅(2023.12.28). 韓 AI 산업 매출 연평균 42% 상승…정부, 고속 성장 견인한다. 전자신문,
https://www.etnews.com/20231228000186

정석원(2024.9.8). [디자인정글 시론] "AI가 이끄는 디자인의 미래 혁명". 디자인정글,
https://www.jungle.co.kr/magazine/206422

Brown, P. F., et. al.(1993). The mathematics of statistical machine translation: Parameter estimation. *Computational linguistics*, 19(2), pp263-311.

Callison-Burch, C.., et. al.(2006). Re-evaluating the role of BLEU in machine translation research. McCarthy, D. & Wintner, S., *11th conference of the european chapter of the association for computational linguistics*, Association for Computational Linguistics, pp.249-256.

Fortune Business Insights.(2024). Artificial Intelligence Market Size, Share & Industry Analysis.
https://www.fortunebusinessinsights.com/industry-reports/artificial-intelligence-market-100114

Mondal, B.(2020). Artificial intelligence: state of the art. Balas, V.E., et. al, *Recent trends and advances in artificial intelligence and internet of things*, Springer, pp.389-425.

Radford, A., et. al.(2018). Improving language understanding by generative pre-training. OpenAI.
https://cdn.openai.com/research-covers/language-unsupervised/language_understanding_paper.pdf

Vaswani, A., et. al.(2017. 4). Attention is all you need. *Advances in Neural Information Processing Systems.*

01
AI 모델의 기본 개념

AI는 데이터를 기반으로 문제를 해결하는 도구이자, 인간의 사고를 확장하는 기술이다. 단순한 반복 작업에서부터 복잡한 의사 결정에 이르기까지, AI 모델은 사회와 산업에 지대한 영향을 미치고 있다. 이러한 모델들은 단순히 기계를 효율적으로 작동시키는 데 그치지 않고, 창의적이고 혁신적인 솔루션을 제시하며 새로운 가치를 창출한다. AI의 핵심은 학습을 통해 스스로 개선하는 능력에 있다.

AI, 머신 러닝, 딥러닝의 차이

AI, 머신 러닝, 딥러닝은 서로 밀접한 연관이 있다. 그러나 각각의 기술은 목적과 구현 방식에서 차이가 있으며, 이를 명확히 이해하는 것은 AI 기술 전반을 체계적으로 파악하는 데 필수적이다. AI는 인간의 사고와 행동을 모방해 문제를 해결하는 광범위한 기술을 의미하므로 머신 러닝과 딥러닝을 포괄한다. AI는 단순한 자동화된 작업 수행에서 복잡한 의사 결정에 이르기까지 다양한 기능을 수행한다. 초기 AI는 명시적으로 작성된 규칙 기반 시스템으로 시작했으나, 현재는 학습 기반의 AI가 주류를 이루고 있다. 예를 들어, 체스 프로그램에서 단순히 규칙에 따라 수를 계산하는 방식은 초기 AI에 속하며, 현재의 AI는 데이터를 학습해 최적의 전략을 자동으로 학습한다.

AI의 주요 목표는 데이터를 통해 문제를 해결하거나 새로운 지식을 창출하는 것이다. 이 기술은 의료, 금융, 교통 등 다양한 산업에서 응용되며, 자동화된 의사 결정, 데이터 분석, 언어 처리 등 폭넓은 기능을 수행한다.

머신 러닝은 AI의 하위 기술로, 데이터를 기반으로 학습해 특정 작업을 수행하는 시스템이다. 명시적인 프로그래밍 없이도 입력 데이터에서 패턴을 발견하고 이를 통해 성능을 개선한다는 점이 특징이다. 예를 들어, 이메일 스팸 필터는 머신 러닝 알고리즘을 활용해 스팸 메일과 일반 메일을 구분하는 법칙을 자동으로 학습한다. 스팸과 정상 메일로 라벨링된 데이터를 수집하고 전처리 과정을 거쳐 텍스트를 수치화한 후, 키워드 빈도, 발신자 신뢰도, URL 포함 여부 등의 특징을 추출해 모델의 입력값으로 사용한다. 그리고 머신 러닝 모델은 데이터 패턴을 학습해 스팸 여부를 확률적으로 예측한다. 스팸 필터는 새롭게 유입된 이메일에 대해 학습한 패턴을 기반으로 실시간으로 분류를 수행하며, 설정된 임곗값에 따라 스팸 여부를 결정한다.

머신 러닝은 주로 선형 회귀(Linear Regression), 결정 트리(Decision Tree), 서포트 벡터 머신(SVM)과 같은 다양한 알고리즘을 활용한다. 이 기술은 정형화된 데이터와 예측 가능한 작업에 적합하며, 분류(Classification)나 회귀(Regression) 문제를 해결하는 데 주로 사용된다(Jordan & Mitchell, 2015).

딥러닝은 머신 러닝의 하위 개념으로, 인공 신경망(Neural Network)을 활용해 데이터를 처리하고 학습한다. 특히 대규모 데이터와 비정형 데이터를 처리하는 데 높은 성능을 보인다. 딥러닝 모델은 여러 층의 신경망으로 구성되어 처음 입력된 데이터를 변환하며, 각 층은 입력 데이터에서 다양한 특징을 추출하고 이를 바탕으로 문제를 해결한다.

예를 들어, 딥러닝 기반의 이미지 인식 시스템은 원시 이미지 데이터를 입력받아 객체를 식별한다. 자율 주행차는 도로 표지판, 보행자, 차량 등을 감지하며, 딥러닝 알고리즘을 활용해 안전한 주행 경로를 선택한다. 음성 비서와 같은 자연어 처리 시스템도 딥러닝을 활용해 사용자의 음성을 분석하고 적절한 응답을 생성한다.

정리하자면, AI는 가장 넓은 개념으로, 인간의 지능을 모방해 문제를 해결하는 기술을 포괄하며 머신 러닝은 AI의 하위 기술로, 데이터를 학습해 예측이나 분류 작업을 자동화한다. 그리고 딥러닝은 머신 러닝의 하위 기술로, 인공 신경망을 통해 대규모 데이터와 복잡한 문제를 처리한다.

AI 학습 방식: 지도 학습, 비지도 학습, 강화 학습

AI 학습 방식은 데이터를 처리하는 방식과 목표에 따라 크게 지도 학습(Supervised Learning), 비지도 학습(Unsupervised Learning), 강화 학습(Reinforcement

Learning)으로 구분된다.

지도 학습은 입력 데이터와 그에 해당하는 정답(라벨)을 사용해 학습하는 방식이다. 이 과정에서 모델은 입력 데이터와 출력 데이터 간의 관계를 학습하며, 새로운 데이터가 주어졌을 때 올바른 예측을 수행할 수 있도록 훈련된다.

예를 들어, 의료 분야에서는 환자의 증상 데이터를 입력 데이터로, 진단 결과를 출력 데이터로 사용해 질병 예측 모델을 개발한다. 이 학습 방식은 데이터에 명확한 입력-출력 쌍이 존재할 때 특히 유용하다. 지도 학습은 크게 분류와 회귀로 나뉜다. 분류는 말 그대로 데이터를 특정 클래스(범주)로 분류한다. 예를 들어, 질병에 대한 양성과 음성 여부를 분류하거나, 이미지 데이터를 사용해 사진 속의 객체가 강아지인지 고양이인지 판별하는 문제에 적용된다. 회귀는 연속적인 수치를 예측할 때 사용된다. 주식 시장 예측, 온도 예측, 주택 가격 산정과 같은 문제에서 사용된다(황세웅, 2024).

지도 학습의 대표적인 알고리즘으로는 선형 회귀, 로지스틱 회귀, 결정 트리, 랜덤 포레스트, 그리고 딥러닝의 신경망 모델 등이 있다.

비지도 학습은 정답이 없는 데이터를 분석해 데이터

에 내재한 구조나 패턴을 발견하는 학습 방식이다. 이 방식에서는 정답이 주어지지 않으므로, 모델은 데이터 간의 유사성이나 차이를 기반으로 그룹화하거나 데이터를 단순화하는 데 중점을 둔다.

비지도 학습의 대표적인 기법인 군집화(Clustering)는 데이터를 유사한 특성을 기준으로 묶어 주어 의사 결정을 돕는 역할을 한다. 예를 들어, 마케팅에서 고객 데이터를 분석해 구매 패턴이 비슷한 고객 그룹을 식별하거나, 유전자 데이터를 분류하는 데 사용된다. 대표적인 알고리즘으로는 K-평균 군집화(K-Means Clustering), 계층적 군집화(Hierarchical Clustering)가 있다.

그리고 고차원의 데이터를 저차원으로 변환해 시각화하거나 계산 효율성을 높이는 차원 축소(Dimensionality Reduction) 기법도 비지도 학습의 한 종류다. 데이터의 차원(변수)이 높아질수록 계산 복잡성이 증가하고 모델 성능이 저하될 가능성이 높아지므로, 적은 수의 핵심 요소만을 추출해 데이터를 단순화하면서도 주요 정보를 최대한 유지한다. 대표적인 기법으로 주성분 분석(Principal Component Analysis, PCA)이 있다.

강화 학습은 AI 에이전트가 환경과 상호 작용하며, 특정 행동의 결과로 얻는 보상을 최대화하도록 학습하는 방식이다. 지도 학습이나 비지도 학습과 달리, 강화 학습은 학습 데이터가 미리 제공되지 않는다. 대신 에이전트는 주어진 상황에서 다양한 행동을 시도하며, 각 행동에 대한 보상(혹은 벌점)을 통해 학습한다.

대표적인 강화 학습 사례는 게임 AI와 자율 주행 차다. 게임 AI는 플레이 도중 다양한 전략을 시도하며 점수를 최대화하는 방향으로 학습한다. 알파고(AlphaGo)는 이러한 강화 학습 알고리즘을 통해 인간 바둑 기사를 상대로 압도적인 실력을 발휘했다. 자율 주행 차는 도로 환경에서 차량이 올바른 행동(예: 정지 신호에서 멈추기)을 학습하도록 강화 학습을 활용한다.

이러한 강화 학습의 대표적인 알고리즘으로는 큐러닝(Q-Learning), 알파제로(AlphaZero), 프록시멀 폴리시 옵티미제이션(Proximal Policy Optimization, PPO) 등이 있다. 강화 학습은 실시간 의사 결정과 최적화 문제를 해결하는 데 매우 효과적이며, 로봇 공학, 물류 최적화, 금융 거래 등 다양한 분야에서 활용된다(Mnih, 2013).

신경망의 구조와 학습 과정

인공 신경망(Artificial Neural Network)은 딥러닝의 핵심 기술로, 데이터를 계층적으로 처리해 복잡한 문제를 해결하는 구조를 갖추고 있다. 신경망은 인간의 뇌를 모방한 모델로, 뉴런(Neuron) 혹은 노드(Node)라는 세포와 같은 단위가 입력층(Input Layer), 은닉층(Hidden Layer), 그리고 출력층(Output Layer)으로 구성된다.

입력층은 원시 데이터를 받아들이는 역할을 한다. 예를 들어, 이미지 데이터를 처리할 때 각 픽셀의 RGB값이 입력층으로 전달된다. 입력층은 데이터를 은닉층으로 전달하기 전에 필요한 전처리를 수행하며, 입력 데이터의 크기에 따라 뉴런의 수가 결정된다.

은닉층은 신경망의 핵심 처리 단계다. 데이터는 은닉층을 거치며 점점 더 추상적인 특징(feature)으로 변환된다. 각 은닉층에는 활성화 함수(Activation Function)가 적용되어 데이터가 비선형적으로 변환되며, 이를 통해 신경망은 단순한 선형 문제를 넘어 복잡한 패턴을 학습할 수 있다.

마지막으로 출력층은 은닉층에서 처리된 데이터를 기반으로 최종 결과를 산출한다. 분류 모델이라면 예를 들어, 고양이와 강아지를 구분하는 문제에서는 각 클래스에 대한 확률값(예: 고양이 70%, 강아지 30%)이 출력된다. 회귀 모델이라면 선형 출력 노드가 사용되어 연속적인 수치를 산출한다.

신경망의 학습 과정은 순전파(Forward Propagation)와 역전파(Backpropagation)로 주로 이루어진다. 순전파는 입력 데이터를 신경망의 계층을 통해 전달해 예측값을 생성하는 과정이다. 데이터는 입력층에서 시작해 은닉층을 거치며 점점 더 복잡한 특징으로 변환된다. 마지막으로 출력층에서 예측값이 생성된다. 순전파 과정은 예측값을 계산할 뿐만 아니라, 이 과정에서 손실 함수(Loss Function)를 사용해 예측값과 실제값 간의 차이, 즉 손실을 측정한다.

역전파는 신경망의 학습을 가능하게 하는 핵심 알고리즘이다. 순전파 과정에서 계산된 손실값을 기반으로, 역전파는 각 노드의 가중치(Weight)와 바이어스(Bias)를 조정해 모델의 성능을 개선한다. 역전파 과정에서는 기본적으로 경사 하강법(Gradient Descent)이라는 최적화 알고리즘이 사용된다. 경사 하강법은 손실값을 최소화하는 방향으로 가중치를 조정하며, 이 과정은 학습이 충분히 이루어질 때까지 반복된다(Lederer, 2021; Ma, 2019).

신경망은 자연어 처리, 이미지 인식, 음성 처리 등 다양한 분야에서 응용된다. 예를 들어, CNN(Convolutional Neural Network)은 이미지 데이터를 분석하는 데 사용되며, RNN(Recurrent Neural Network)은 순차적인 시계열 데이터를 처리하는 데 적합하다. 이처럼 신경망은 문제의 유형과 데이터의 특성에 따라 다양한 형태로 설계되며, 복잡하고 고차원적인 데이터에서 높은 성능을 보인다.

참고문헌

황세웅(2024). 『데이터 분석가가 반드시 알아야 할 모든 것: 파이썬 코드와 캐글 데이터 세트으로 실습하는』(개정판). 위키북스.

Jordan, M. I., & Mitchell, T. M.(2015). Machine learning: Trends, perspectives, and prospects. *Science*, 349(6245), pp.255-260.

Lederer, J.(2021). Activation functions in artificial neural networks: A systematic overview. arXiv preprint arXiv:2101.09957.

Ma, Z.(2019). The function representation of artificial neural network. arXiv preprint arXiv:1908.10493.

Mnih, V.(2013). Playing atari with deep reinforcement learning. arXiv preprint arXiv:1312.5602.

02
SOTA AI 모델의 이해

SOTA AI 모델은 인공지능 기술 발전을 대표하며, 현재 가장 진보된 성능을 보이는 시스템이다. 이 모델들은 대규모 데이터와 고도화한 알고리즘을 활용해 복잡한 문제를 효과적으로 해결하며, 이전에는 불가능했던 성과를 현실로 만들어 내고 있다. 예를 들어 자연어 처리, 컴퓨터 비전, 강화 학습 등 다양한 분야에서 SOTA AI 모델은 기존 기술의 한계를 뛰어넘는 혁신적인 해결책을 제시하고 있다.

SOTA AI 모델의 개념

SOTA는 "State-of-the-Art"의 약자로, 특정 분야에서 가장 앞선 성능을 보이는 기술이나 모델을 지칭하는 용어다. 원래는 공학, 과학, 그리고 기술 보고서에서 연구의 최신 동향을 기술하거나 새로운 성과를 강조하기 위해 사용했다. AI 분야에서 SOTA 모델은 정량적인 평가에서 기존 기술을 능가하는 결과를 보이며, 혁신적이고 효율적인 방법으로 문제를 해결하는 시스템을 의미한다. 이는 단순한 연구 성과를 넘어 실질적 활용성을 통해 그 가치를 증명하고 있다.

인공지능 분야에서 SOTA라는 개념은 AI 모델의 발전을 평가하고 비교하는 데 핵심적인 역할을 한다. 특히, 새로운 모델이 기존의 기술적 한계를 뛰어넘고 특정 작업에서 최고 수준의 성과를 달성할 때 "SOTA를 달성했다"라고 표현한다.

SOTA AI 모델은 특정 작업에서 최고의 성능을 달성한 기술로, 자연어 처리(NLP), 컴퓨터 비전, 생성형 AI 등 다양한 영역에서 개발된다. 이러한 모델은 대규모 데이터와 최신 알고리즘을 활용해 기존 모델이 해결하지 못한 문제를 해결하거나 더 높은 효율성을 가진다. 예를 들어, GPT-4는 자연어 생성 작업에서 기존 모델을 능가하는 언어 이해와 생성 능력을 제공하며, 알파폴드는 단백질 구조 예측이라는 생물학적 과제를 혁신적으로 해결했다.

SOTA AI 모델은 몇 가지 특징을 가지는데, 우선 특정 작업에서 최신 지표(BLEU 점수, COCO 메트릭 등)를 통해 검증된 우수한 성능을 가진다. 그리고 하나의 작업에만 국한하지 않고 다양한 도메인과 응용 환경에서 활용 가능한 경우가 많다. 이에 따라 일반적으로 높은 계산량과 메모리 사용량을 처리하기 위해 GPU, TPU(Tensor Processing Unit)와 같은 고성능 컴퓨팅 리소스를 필요로 한다.

AI 분야에서 SOTA 모델의 개념이 본격적으로 주목받기 시작한 것은 1990년대와 2000년대 초반이다. 이 시기의 대표적인 SOTA AI 모델은 1998년에 공개한 르넷(LeNet)이었다. 르넷은 얀 르쿵(Yann LeCun)이 개발한 CNN 기반의 모델로, 손글씨 숫자 인식(MNIST 데이터 세트) 작업에서 뛰어난 성과를 거두며 주목받았다. 르넷은 이미지 처리 및 분류 작업에서 기존의 규칙 기반 접근법과 비교해 혁신적인 성능을 보였고, 현대 딥러닝의 기초를 다지는 역할을 했다(LeCun, et al., 1998).

또한 2012년에 발표된 알렉스넷은 대규모 이미지 데

이터 세트를 활용해 객체 인식 및 분류 성능을 평가하는 경진 대회인 이미지넷 챌린지(ImageNet Large Scale Visual Recognition Challenge, ILSVRC)에서 압도적인 성능을 보여 주며 컴퓨터 비전 분야에서 새로운 SOTA AI 모델로 자리 잡았다. 알렉스넷은 딥러닝이 AI 분야의 중심 기술로 부상하는 계기를 마련했다.

SOTA 모델의 주요 혁신 기술

SOTA AI 모델은 주로 혁신적인 기술의 도입에 기반을 둔다. 이러한 기술들은 기존 모델의 한계를 극복하고 새로운 혁신을 이끈다. 최근 SOTA AI 모델이 채택한 다섯 가지 혁신 기술들을 확인해 보자.

트랜스포머 아키텍처

트랜스포머는 자연어 처리(NLP)와 컴퓨터 비전 분야에서 SOTA 모델을 가능하게 한 핵심 기술이다. 기존의 순환 신경망(RNN)과 컨벌루션 신경망(CNN)과는 달리, 트랜스포머는 병렬 처리를 통해 대규모 데이터 학습을 더욱 효율적으로 수행할 수 있다. 버트(BERT)와 지피티(GPT) 시리즈는 트랜스포머 기반 모델로서, 각각 양방향 학습과 대규모 사전 학습을 활용해 NLP 작업에서 뛰어난 성과를 보였다(Brown, et al., 2020; Devlin, et al., 2019).

컴퓨터 비전 분야에서는 비전 트랜스포머(ViT)가 기존 CNN 기반 모델을 능가하는 성능을 보여 줌으로써 트랜스포머의 범용성을 입증했다. ViT는 이미지를 패치(Patch) 단위로 나누고 이를 입력으로 사용해, 기존의 픽셀 기반 접근법과 차별화된 혁신을 이루었다(Dosovitskiy, et al., 2020). 여기에서 패치는 한 문장의 글을 단어별로 나누는 것처럼 이미지 데이터를 작은 블록 단위로 나눈 것을 의미한다.

자가 지도 학습(Self-Supervised Learning)

자가 지도 학습은 레이블이 없는 데이터를 활용해 모델의 학습 능력을 극대화하는 접근법이다. 이는 데이터 레이블링의 어려움을 극복하고, 다양한 도메인에 적용 가능한 범용 AI 모델을 가능하게 한다. 예를 들어, SimCLR과 같은 자가 지도 학습 모델은 이미지 데이터를 두 가지 방식으로 변형한 후, 이 두 이미지를 쌍으로 취급해 별도의 레이블 없이 학습을 한다. 동일하지만 다르게 변형된 두 개의 이미지가 서로 가깝게 여겨지도록 학습을 하고, 쌍이 맞지 않는 이미지는 멀어지도록 학습을 한다

(Chen, et al., 2020).

버트는 마스킹된 언어 모델링(Masked Language Modeling)을 통해 자가 지도 학습의 효과를 증명했으며, 이는 텍스트 데이터의 패턴을 효율적으로 학습하는 데 기여했다(Devlin, et al., 2019). 이러한 기술은 NLP와 컴퓨터 비전 모두에서 SOTA 모델의 기반 기술로 자리 잡았다.

대규모 사전 학습과 미세 조정(Fine-tuning)

대규모 사전 학습은 방대한 데이터 세트를 활용해 모델이 일반적인 패턴을 학습하도록 하는 단계로, 사전 학습 이후에 특정 분야나 업무에 맞게 모델을 미세 조정하는 방법이다. 오픈AI의 지피티-3는 대규모의 학습 데이터 없이 적은 수의 샘플 데이터만으로 패턴을 인식하고 높은 성능을 낼 수 있는 퓨숏 러닝(Few-Shot Learning) 방식을 통해 학습의 효율성을 높였다(Brown, et al., 2020). 이러한 대규모 사전 학습은 번역, 문서 요약, 질의응답 등 다양한 작업에서 SOTA 모델로서 쓰일 수 있는 중요한 요소다.

미세 조정은 사전 학습한 모델을 특정 작업에 맞게 조정함으로써, 새로운 데이터가 제한된 상황에서도 높은 성능을 유지할 수 있게 한다. 이 접근법은 학습 자원의 최적화를 통해 연구 및 의료, 마케팅, 교육 등 다양한 산업 분야에서 활용되고 있다.

멀티모달 AI(Multimodal AI)

멀티모달 AI는 텍스트, 이미지, 음성 등 다양한 데이터 유형을 결합해 처리하는 기술이다. 전통적인 AI 모델은 주로 단일 데이터 유형에 특화해 있었지만, 멀티모달 AI는 여러 유형의 데이터를 결합해 보다 종합적이고 유연한 판단을 내릴 수 있다. 오픈AI의 클립(CLIP, Contrastive Language-Image Pretraining)은 텍스트와 이미지를 동시에 학습해 이미지-텍스트 매칭 작업에서 뛰어난 성능을 보여 주었다. 예를 들어, "A dog playing in the park"라는 텍스트 설명에 맞는 이미지를 찾거나, 반대로 이미지를 설명하는 텍스트를 생성할 수 있다(Radford, et al., 2021). 이와 유사하게, 달리는 텍스트를 기반으로 이미지를 생성함으로써 멀티모달 AI의 응용 가능성을 확장했다. 이 모델은 트랜스포머 아키텍처를 기반으로 동작해 사용자가 입력한 프롬프트의 내용과 맥락을 종합적으로 해석한다. 이를 통해 텍스트 설명을 그대로 따르면서도 상상력을 가미한 독창적인 이미지를 생성한다

(Ramesh, et al., 2021).

멀티모달 AI는 인간과 유사한 수준의 인지 및 추론 능력을 AI 시스템에 부여해, AI 기술의 응용 범위를 확장하는 중요한 기술이다.

강화 학습

강화 학습은 환경과 상호 작용하면서 최적의 행동을 학습하는 기술로, 게임 및 로보틱스 분야에서 혁신을 이끌어 왔다. 딥마인드(DeepMind)의 알파제로는 체스나 바둑 등에서 사람과 기존 AI를 능가하는 성능을 보이며 강화 학습의 잠재력을 입증했다(Silver, et al., 2018). 알파제로는 보상 신호를 활용해 스스로 전략을 학습함으로써, 사전 지식 없이도 높은 수준의 성과를 달성했다. 특히, 보상 구조를 정교하게 설계하고 학습 환경을 고도로 시뮬레이션하면, 강화 학습은 다양한 복잡한 문제에서도 강력한 성능을 발휘할 수 있다. 앞으로 강화 학습은 더 높은 수준의 자율성과 적응력을 갖춘 AI 개발의 핵심 기술로 자리 잡을 것이다.

SOTA AI 모델은 트랜스포머 아키텍처, 자가 지도 학습, 대규모 사전 학습, 멀티모달 AI, 강화 학습과 같은 혁신 기술을 통해 기존 모델의 한계를 극복하고 새로운 가능성을 열어 주고 있다. 이러한 기술들은 AI 연구와 산업 응용 모두에서 중요한 역할을 할 것이다. 앞으로 이러한 개념들에 대해서 하나씩 살펴보겠다.

SOTA AI 모델로 인정받기 위한 조건

SOTA AI 모델로 인정받기 위해서는 객관적이고 명확한 기준을 충족해야 한다. 이러한 기준에는 단순히 높은 성능뿐만 아니라 기술적 혁신 그리고 실질적인 산업 응용 가능성도 포함된다.

SOTA AI 모델은 동일한 작업을 수행하는 기존 모델과 비교했을 때 명확한 성능 향상을 보여야 한다. 이 성능은 일반적으로 공인된 벤치마크 데이터 세트를 활용해 측정한다. 딥마인드의 알파폴드는 CASP(Critical Assessment of protein Structure Prediction) 대회에서 기존의 단백질 구조 예측 모델에 비해 GDT-TS(Global Distance Test-Total Score) 점수에서 압도적인 성능을 기록하며 SOTA AI 모델로 인정받았다. GDT-TS는 단백질 구조 예측 분야에서 사용하는 평가 지표로, 예측한 단백질 구조 모델이 실제 실험적으로 결정된 구조와 얼마나 유사한지를 측정하는 데 사용된다.

SOTA AI 모델의 또 다른 중요한 조건은 기술적 혁신이다. 단순히 기존 기술을 확장하는 것을 넘어서는 새로운 접근 방식을 제시해야 하며, 이는 종종 모델 아키텍처나 학습 방법의 혁신을 통해 이루어진다. 예를 들어, 오픈AI의 지피티 시리즈는 트랜스포머 아키텍처를 기반으로 퓨샷 러닝을 접목한 대규모 사전 학습과 미세 조정을 결합해 자연어 처리 분야에서 혁신적인 결과를 달성했다. 버트와 같은 양방향 트랜스포머 모델은 기존의 단방향 모델에 비해 문맥 이해 능력을 크게 향상했으며, 이는 다양한 언어 모델링 작업에서 새로운 기준이 되었다.

또한 SOTA AI 모델로 인정받기 위해서는 실질적인 응용 가능성도 입증해야 한다. 앞서 언급했던 알파폴드는 단백질 구조 예측을 통해 신약 개발 과정에 혁신을 가져옴으로써 생명 과학 연구에 직접적인 기여를 하고 있다. 이처럼 SOTA AI 모델은 단순히 연구실에서의 성과를 넘어서, 실제 상황에서 문제 해결 능력을 보여 주어야 한다. 또 다른 사례로는 딥마인드의 알파스타(AlphaStar)가 있다. 알파스타는 스타크래프트 II라는 복잡한 실시간 전략 게임에서 인간 프로게이머를 능가하는 성과를 보여 주었다. 이 모델은 강화 학습을 활용해 수많은 게임 시나리오를 학습하고, 전략적인 결정을 내리며, 최적화한 플레이를 통해 인간의 한계를 넘어서는 능력을 발휘했다. 알파스타는 게임을 넘어서, 복잡한 의사 결정과 전략적 사고가 필요한 다양한 산업 분야에도 적용 가능성을 열어 두며, 강화 학습의 실용성과 범용성을 입증한 사례로 주목받고 있다. 이러한 응용 사례는 SOTA 모델의 가치를 입증하는 중요한 요소다.

그리고 SOTA AI 모델은 학술적 커뮤니티와 산업계의 검증을 통해 그 가치를 인정받아야 한다. 학술 논문 발표나 주요 AI 대회에서의 수상을 통해 학계나 산업계에서 모델의 혁신성과 실질적 응용 가능성을 입증할 수 있다. SOTA AI 모델은 NeurIPS, CVPR, ICML, ACL과 같은 세계적인 학술 대회에서 논문으로 발표되는 경우가 많다. 예를 들어, 심층 강화 학습 기반 모델인 DQN(Deep Q-Network)은 2015년 세계에서 가장 권위 있는 과학 저널 중 하나인 네이처(Nature)에 발표된 후 강화 학습 분야에서 새로운 패러다임을 제시하며 빠르게 채택되었다. DQN은 큐러닝 알고리즘과 딥 뉴럴 네트워크를 결합해, 인간과 같은 수준의 게임 성능을 AI가 달성할 수 있음을 입증하며 강화 학습의 가능성을 넓혔다. 이 모델은 이후 다양한 강화 학습 연구의 기반이 되었으며, 자율주행, 로봇 제어, 금융 최적화 등 여러 분야에서 응용 사례를 통해 그 유용성을 입증했다. 또한 허깅 페이스(Hugging Face)와 같은 플랫폼에서 모델을 오픈 소스로 공개해 연구자와 개발자 커뮤니티의 검증을 받는 것도 중요하다(Wolf, et al., 2020). 이를 통해 모델의 신뢰성을 높이고 더 많은 사람들이 해당 모델을 SOTA 모델로 채택하도록 유도할 수 있다.

마지막으로, SOTA AI 모델은 윤리적 책임과 사회적 가치를 고려해야 한다. 데이터 편향 문제를 해결하고 공정성을 확보하는 것이 중요한 과제다. 설명 가능한 인공지능(Explainable AI, XAI) 기술을 적용해 모델의 의사결정 과정을 투명하게 공개함으로써 사용자의 신뢰를 얻는 것도 필요하다(Doshi-Velez & Kim, 2017). 더불어, 대규모 AI 모델의 학습과 추론 과정에서 발생하는 에너지 소비를 줄이는 노력도 지속 가능한 AI 기술 개발을 위해 필수적이다.

참고문헌

Brown, T., et. al.(2020). Language models are few-shot learners. *Advances in neural information processing systems*, 33.

Chen, T., et. al.(2020.11). A simple framework for contrastive learning of visual representations. *International conference on machine learning*, pp.1597-1607. PMLR.

Devlin, J., et al.(2019.6). Bert: Pre-training of deep bidirectional transformers for language understanding. *Proceedings of the 2019 conference of the North American chapter of the association for computational linguistics: Human language technologies*, 1(long and short papers), pp.4171-4186.

Doshi-Velez, F. & Kim, B.(2017). Towards a rigorous science of interpretable machine learning. arXiv preprint arXiv:1702.08608.

Dosovitskiy, A.(2020). An image is worth 16x16 words: Transformers for image recognition at scale. arXiv preprint arXiv:2010.11929.

LeCun, Y., et. al.(1998). Gradient-based learning applied to document recognition. *Proceedings of the IEEE*, 86(11), pp.2278-2324.

Radford, A., et. al.(2021.7). Learning transferable visual models from natural language supervision. *International conference on machine learning*, pp.8748-8763. PMLR.

Ramesh, A., et. al.(2021.7). Zero-shot text-to-image generation. *International conference on machine learning*, pp.8821-8831. Pmlr.

Silver, D., et. al.(2018). A general reinforcement learning algorithm that masters chess, shogi, and go through self-play. *Science*, 362(6419), pp.1140-1144.

Wolf, T.(2020). Transformers: State-of-the-art natural language processing. arXiv preprint arXiv:1910.03771.

03
주요 SOTA AI 모델 소개

AI 기술의 최전선에서 개발된 SOTA 모델들은 단순한 데이터 처리를 넘어 인간의 상상력을 뛰어넘는 혁신을 만들어 내고 있다. 이 모델들은 단일 작업에서의 정확성을 넘어서 텍스트, 이미지, 음성 등 다양한 데이터의 복합적 이해와 창조를 가능하게 하며, 산업 전반에 걸쳐 새로운 패러다임을 제시한다. 최신 AI 모델들은 이제 더 이상 기술적 도구에 머물지 않고, 인간과 협력해 가능성의 경계를 확장하는 파트너로 자리 잡고 있다.

주요 SOTA AI 모델의 전반적 개요

SOTA AI 모델의 발전은 주로 컴퓨팅 성능 향상, 대규모 데이터 세트의 활용, 그리고 혁신적인 아키텍처 설계에서 기인한다. 최신 SOTA AI 모델들은 자연어 처리, 컴퓨터 비전, 멀티모달 AI, 강화 학습 등 다양한 분야에서 두각을 나타내고 있다. 자연어 처리 분야에서는 지피티-4, 버트, T5와 같은 모델이 텍스트 생성, 번역, 요약 작업에서 인간과 유사한 능력을 보인다. 지피티-4와 같은 대규모 언어 모델은 수십억 개의 매개 변수(parameter)를 활용해 복잡한 자연어 이해와 생성 작업을 수행할 수 있다. 컴퓨터 비전에서는 욜로(YOLO)가 객체 탐지에서, 스테이블 디퓨전이 텍스트 기반 이미지 생성에서 우수한 성능을 발휘한다. 멀티모달 AI는 플라밍고(Flamingo)와 가토(Gato), 달리와 같은 모델을 통해 텍스트와 이미지, 음성을 통합적으로 처리하며 의료 데이터 분석, 멀티미디어 생성 등 새로운 가능성을 열고 있다. 표 3-1은 주요 SOTA 모델의 특징을 한 번에 보여 준다.

표 3-1. 주요 SOTA 모델의 특징

모델	주요분야	특징
GPT	자연어 처리	초대규모 언어 모델, 문맥 이해 및 텍스트 생성 능력
YOLO	컴퓨터 비전	실시간 객체 탐지, 경량화한 구조
Stable Diffusion	컴퓨터 비전	텍스트 기반 고품질 이미지 생성
Flamingo	멀티모달 AI	텍스트, 이미지, 오디오를 통합적으로 처리
DALL-E	멀티모달 AI	텍스트와 이미지 간의 의미적 연관성을 학습
AlphaFold	강화 학습	단백질 구조 예측, 생물학적 문제 해결

자연어 처리 분야의 SOTA 모델

자연어 처리(NLP)는 텍스트와 음성과 같은 언어 데이터를 분석하고 처리하는 기술이다. 인간의 언어는 문맥과 뉘앙스, 복잡한 구문 구조를 포함하고 있어, 이를 처리하기 위한 모델은 높은 수준의 정교함과 계산 능력이 필요하다.

초기 자연어 처리 모델들은 주로 규칙 기반 접근법을 활용해 문법적 구조를 분석했으나, 이러한 방식은 인간 언어의 복잡한 맥락을 이해하는 데 근본적인 한계를 드러냈다. 특히 동음이의어나 문맥 의존적인 의미를 정확히 해석하는 데 어려움이 있었다. 이러한 한계를 극복하기 위해 딥러닝 기반의 모델들이 도입되었으며, 트랜스포머 아키텍처는 이러한 변화의 중심에 있었다. 2017년 바스와니(Vaswani) 등이 제안한 트랜스포머는 병렬 처리를 통해 대규모 데이터를 효율적으로 학습할 수 있는 구조를 제공하며, NLP의 혁신을 이끌었다(Vaswani, 2017). 이를 기반으로 등장한 버트와 지피티 모델은 자연어 처리 분야에서 새로운 기준을 정립했다.

오픈AI의 지피티 시리즈는 NLP 모델 설계에서 중요한 전환점을 제시하며, 초대규모 사전 학습을 통해 복잡한 자연어 작업을 수행한다. 특히 지피티-4는 수십억 개의 매개 변수를 활용해 언어적 맥락을 세밀하게 학습한다. 지피티-4의 설계는 트랜스포머 아키텍처를 기반으로 하며, 세밀한 어휘 표현과 장기적 문맥 의존성을 개선하기 위해 더욱 최적화했다.

예를 들어, 지피티-4는 고객 서비스 분야에서 챗봇으로 사용되어 다중 언어 지원, 복잡한 질의 해석 및 자연스러운 대화형 응답 생성을 수행한다. 이러한 시스템은 단순한 질의응답 수준을 넘어서, 사용자와의 깊은 상호작용을 가능하게 한다. 소설 창작과 같은 창의적 작업에서는 특정 작가의 문체를 모방하거나, 독창적인 플롯을 생성함으로써 콘텐츠 제작에 도움을 준다. 또한 코드 작성 지원 도구로서 개발자의 의도를 이해하고 최적화한 코드를 제안하며 소프트웨어 개발 생산성을 높인다.

그러나 지피티 모델에는 몇 가지 한계가 존재한다. 첫째, 초대규모 사전 학습이 요구하는 계산 비용이 상당히 많이 들며, 이는 전력 소비 및 환경적 부담으로 이어질 수 있다. 둘째, 모델의 예측은 여전히 "블랙박스" 형태로 작동하기 때문에 투명성과 설명 가능성이 부족하다. 이러한 문제는 신뢰성과 책임 있는 AI 설계 측면에서 중요한 도전 과제로 남아 있다.

구글의 버트 모델은 양방향성(Bidirectional Context)을 도입해 문맥 이해의 정밀도를 높인 것이 특징이다(Devlin, et al., 2019). 버트는 문장의 양쪽 방향에서 정보를 수집해 더 깊은 의미를 학습할 수 있도록 설계되었다. 이에 따라 감정 분석, 텍스트 분류, 질문 응답 시스템 등에서 높은 성능을 보인다. 예를 들어, 버트는 검색 엔진에서 사용되어 사용자의 질문을 더 정확히 이해하고 관련성 높은 결과를 제공하는 데 기여하고 있다. 버트의 변형 모델인 로버타(RoBERTa)는 더 많은 데이터와 긴 학습 시간을 통해 성능을 한층 개선한 사례로 주목받고 있다.

구글이 개발한 T5(Text-to-Text Transfer Transformer)는 자연어 처리 작업을 "텍스트 입력 → 텍스트 출력" 형태로 일반화해 다양한 응용 분야에서 활용된다. 텍스트 번역, 요약, 분류 등 모든 자연어 처리 작업을 단일 모델로 해결하는 방향성을 제시했다. 특히 T5는 다국어 데이터를 처리하는 데 강점을 보여, 글로벌 서비스의 텍스트 처리 모델로 높은 평가를 받고 있다(Raffel, et al., 2020).

이외에도 XLNet, 일렉트라(ELECTRA)와 같은 모델들이 등장하며 NLP의 경계를 확장하고 있다. XLNet은 순열 언어 모델링(permutation language modeling)을 도입해 기존 버트의 한계를 보완했다. 기존 버트가 입력 문장의 일부를 마스킹해 감추고 이를 예측하는 방식으로 사전 학습을 수행했다면, XLNet은 문장 내 단어 순서의 모든 가능한 조합을 학습 대상으로 삼아 더 풍부한 문맥적 이해를 가능하게 했다. 일렉트라는 입력 문장의 일부를 의도적으로 변경한 뒤, 모델이 원래 문장과 수정된 문장을 구분하도록 학습한다. 이를 토큰 교체(token replacement) 방식이라 하며, 수정된 토큰(예를 들어 개별 단어)이 원래 입력과 다른지를 예측하는 과제를 통해 학습한다. 이 과정에서 모든 토큰이 학습에 활용되기 때문에, 동일한 계산 자원으로 더 많은 정보를 학습할 수 있다. 이렇게 사전 학습 단계의 효율성을 높여 적은 자원으로도 우수한 성능을 발휘한다.

미래의 자연어 처리 모델은 멀티모달 AI의 발전과 함께 더욱 정교해질 것이다. 텍스트, 이미지, 음성을 통합적으로 처리할 수 있는 모델은 인간 의사소통의 방식을 혁신적으로 변화시킬 것으로 기대된다. 예를 들어, 의료 분야에서 환자의 의견, 의사의 소견과 MRI 이미지를 동시에 분석해 환자의 상태를 종합적으로 평가하는 데 활용할 수 있다.

컴퓨터 비전 분야의 SOTA 모델

컴퓨터 비전은 디지털 이미지나 비디오로부터 정보를 추출하고 이를 기반으로 의사 결정을 내리는 기술로, AI 연구의 핵심 분야 중 하나로 자리 잡았다. 이 기술은 자율 주행, 의료 영상 분석, 산업 자동화 등 다양한 응용 분야에서 필수적인 역할을 하며, 최근 몇 년간 딥러닝 기술의 발전과 함께 괄목할 만한 성과를 이루었다.

컴퓨터 비전 분야의 초기 접근법은 주로 전통적인 기계 학습과 이미지 처리 기술에 기반을 두었다. 그러나 이러한 방법은 복잡한 데이터 구조와 대규모 데이터 처리가 요구되는 현대의 비전 작업에는 한계를 보였다. 딥러닝의 도입은 이러한 한계를 극복하며 혁신적인 모델 설계를 가능하게 했다. CNN은 컴퓨터 비전 기술 발전의 초석을 마련했으며, 이후 다양한 변형과 확장이 이루어졌다. 하지만 CNN만으로는 복잡한 패턴 인식과 대규모 데이터 처리가 필요한 작업을 완전히 해결하기 어렵다는 점에서, 새로운 아키텍처들이 제안되었다.

비전 트랜스포머(ViT)는 트랜스포머 아키텍처를 컴퓨터 비전 분야에 적용한 최초의 모델로, 기존의 CNN 기반 접근법과는 다른 원리로 작동된다. ViT는 이미지를 패치(patch) 단위로 분할한 후 이를 시퀀스 데이터로 간주해 셀프 어텐션 메커니즘을 통해 관계를 학습한다. 셀프 어텐션 메커니즘은 서문에서 설명했듯이, 주어진 입력 시퀀스 내의 각 단어(또는 요소)가 다른 단어들과 얼마나 중요한 관계를 가질 수 있는지 측정해, 각 단어에 대한 중요도를 동적으로 할당하는 시스템이다. 이러한 설계는 대규모 데이터 세트에서 뛰어난 성능을 발휘하며, CNN에 비해 더 세밀한 패턴 인식이 가능하다는 장점이 있다(Dosovitskiy, et al., 2020). 예를 들어, ViT는 의료 영상 분석에서 암 병변 탐지와 같은 세밀한 작업에서 높은 정확도를 기록하며 의료 분야의 연구 및 실무 방식을 변화시키고 있다. 또한 ViT는 위성 이미지 처리와 같은 특수 목적의 분야에서도 다양하게 활용되고 있다.

이피션트넷(EfficientNet)은 효율성과 성능을 모두 극대화한 CNN 기반 모델로, 신경망 구조 검색(Neural Architecture Search, NAS)을 활용해 설계되었다. 이 모델은 콤파운드 스케일링(Compound Scaling) 기법을 통해 네트워크의 너비, 깊이, 해상도를 균형 있게 확장하며, 기존 모델 대비 적은 계산량으로도 높은 성능을 제공한다(Tan & Le, 2019). 이피션트넷은 자율 주행 및 드론 기반 이미지 분석과 같이 경량화가 중요한 응용 분야에서 널리 사용된다. 또한 모바일 장치와 같은 자원 활용이 제약되는 환경에서도 우수한 성능을 발휘하며, 다양한 산업 분야에서 실질적인 가치를 입증하고 있다.

욜로(You Only Look Once)는 실시간 객체 탐지 분야에서 높은 속도와 정확도를 겸비한 모델로, 단일 신경망 패스로 이미지 내 모든 객체를 탐지하는 효율적인 설계를 도입했다. 2024년 9월 30일에 발표된 욜로 v11은 이전 버전보다 처리 속도와 정확도를 크게 개선했으며, 초당 수십 프레임을 처리하면서도 다양한 실험 환경에서 높은 평균 정밀도(mAP)를 기록했다(Jegham, et al., 2024). 이러한 특성은 보안 감시, 스포츠 분석, 물류 관리 등 실시간 처리가 요구되는 작업에서 유용하게 사용될 수 있다. 예를 들어, DHL은 컴퓨터 비전 AI 기술을 도입해 예측 유지보수(Predictive Maintenance, PdM) 분야에서 큰 성과를 이루었는데, 물류 장비의 상태를 실시간으로 모니터링하고, 데이터를 분석해 고장 가능성을 예측해서 비용 절감은 물론 운영 중단을 최소화해 물류 프로세스의 효율성을 높일 수 있었다(Klaus, 2024).

멀티모달 AI의 진화

멀티모달 AI(Multimodal AI)는 텍스트, 이미지, 음성, 영상 등 다양한 형태의 데이터를 통합적으로 처리하고 분석하는 기술로, AI 연구에서 점점 더 주목받고 있는 분야다. 멀티모달 AI는 단일 모델로 처리할 수 없는 복잡한 문제를 해결할 수 있으며, 인간의 인지 능력과 유사한 방식으로 데이터를 이해하고 활용할 수 있는 방향으로 발전하고 있다. 전통적인 AI 모델은 특정한 데이터 유형(예: 텍스트, 이미지, 음성)에만 초점을 맞추어 설계되었다. 그러나 실제 환경에서는 다양한 유형의 데이터가 복합적으로 존재하며, 이들 간의 상호 작용을 이해하는 것이 많은 문제를 해결하는 데 중요하다. 예를 들어, 자율주행 자동차는 카메라 영상을 분석하는 동시에 LiDAR

데이터를 활용하고, 도로 표지판의 텍스트를 읽어야 한다. 이처럼 다양한 형식의 데이터를 복합적으로 처리할 수 있는 능력은 AI 시스템의 성능과 실용성을 높이는 데 매우 중요하다.

멀티모달 AI는 단순히 여러 유형의 데이터를 처리하는 것을 넘어, 각 모달리티(Modality) 간의 관계를 학습해 현상이나 상황을 더 깊게 이해할 수 있다. 이를 통해 텍스트 기반 질의응답 시스템에서 이미지를 결합한 정교한 답변 생성, 음성과 표정을 결합한 감정 분석 등 다양한 응용이 가능해진다. 멀티모달 AI의 핵심은 서로 다른 데이터 모달리티를 통합적으로 표현하는 것이다. 이를 위한 다양한 기술이 개발되었다. 모든 모달리티의 데이터를 공통된 표현 공간에 매핑해 상호 작용을 학습하는 공유 표현(Shared Representation) 방식은 멀티모달 AI 연구의 중요한 초석으로 자리 잡았다. 예를 들어, 클립 모델은 텍스트와 이미지를 동일한 임베딩 공간에 배치해 텍스트-이미지 검색 및 분류 작업을 수행한다(Radford, et al., 2021). 클립의 핵심 아이디어는 대조적 학습(contrastive learning)을 활용해, 텍스트와 이미지가 의미적으로 일치하는 경우 두 임베딩 벡터가 가까워지도록 학습하고, 일치하지 않는 경우에는 멀어지도록 만드는 것이다. 예를 들어 "고양이"라는 단어와 고양이 이미지가 일치하는 경우 이들의 임베딩 벡터는 서로 가깝게 위치하도록 하고, "고양이"와 "자동차" 같은 불일치하는 텍스트-이미지 쌍은 멀어지게 학습된다. 이로 인해 클립은 텍스트-이미지 검색, 이미지 분류, 텍스트 기반 이미지 생성 등 다양한 멀티모달 작업을 효과적으로 수행할 수 있다.

트렌스포머 아키텍처는 멀티모달 데이터를 처리하는 데 강력한 도구로 자리 잡았다. 특히, 멀티모달 변환기 모델은 각 모달리티 데이터를 병렬로 처리하고, 셀프 어텐션 메커니즘을 통해 모달리티 간 상호 작용을 학습한다. 달리는 이러한 변환기 아키텍처를 기반으로 텍스트 설명을 이미지로 변환하는 대표적인 멀티모달 AI 모델이다. 달리는 텍스트를 입력받아 해당 설명에 부합하는 고해상도 이미지를 생성할 수 있다. 달리의 주요 기술적 특징은 두 가지로 요약할 수 있다. 첫째, 변환기 기반의 아키텍처를 통해 텍스트와 이미지 간의 상호 작용을 학습한다. 이는 텍스트를 시퀀스로 인코딩한 후, 이를 이미지의 픽셀 단위로 디코딩하는 방식으로 작동한다. 둘째, 대규모 데이터 세트로 사전 학습을 수행해 다양한 텍스트와 이미지 조합을 이해하고 생성하는 능력을 갖추었다. 2023년 9월에 발표된 달리 3는 초기 버전보다 더 높은 해상도와 세밀한 표현이 가능하며, 텍스트와 이미지 간의 상관관계를 보다 정교하게 모델링할 수 있다. 이는 “빈센트 반 고흐 스타일의 비 오는 날, 노란 우산을 쓴 우울한 고양이”와 같은 복잡한 설명에도 정확히 대응하는 이미지를 생성하는 데 성공하며, 모델의 활용 범위를 크게 확장했다(Betker, et al., 2023).

멀티모달 AI는 AI 산업의 진화를 이끄는 핵심 기술로 자리 잡을 가능성이 높다. 특히, 인간처럼 다양한 모달리티를 통합적으로 이해하고 활용하는 능력을 갖춘 AI는 의료, 교육, 예술 등 광범위한 영역에서 혁신을 이끌 것이다. 앞으로 더 많은 연구와 기술 개발을 통해 멀티모달 AI의 잠재력이 더욱 확장될 것으로 기대된다.

참고문헌

Betker, J., et al.(2023). Improving image generation with better captions. *Computer Science*, 2(3), 8. https://cdn. openai. com/papers/dall-e-3.pdf,

Devlin, J., et al.(2019.6). Bert: Pre-training of deep bidirectional transformers for language understanding. *Proceedings of the 2019 conference of the North American chapter of the association for computational linguistics: Human language technologies*, 1(long and short papers), pp.4171-4186.

Dosovitskiy, A., et al.(2020). An image is worth 16x16 words: Transformers for image recognition at scale. arXiv preprint arXiv:2010.11929.

Jegham, N., et al.(2024). Evaluating the evolution of YOLO(You only look once) models: A comprehensive benchmark study of YOLO11 and its predecessors. arXiv preprint arXiv:2411.00201.

Klaus, D.(2024). Trend report: AI driven computer vision. https://www.dhl.com/global-en/microsites/csi/computer-vision/understanding-computer-vision.html

Radford, A., et al.(2021.7). Learning transferable visual models from natural language supervision. *International conference on machine learning*, pp.8748-8763. PMLR.

Raffel, C., et al.(2020). Exploring the limits of transfer learning with a unified text-to-text transformer. *Journal of Machine Learning Research.*

Tan, M. & Le, Q. V.(2019). EfficientNet: Rethinking model scaling for convolutional neural networks. arXiv preprint arXiv:1905.11946.

Vaswani, A.(2017). Attention is all you need. *Advances in Neural Information Processing Systems.*

04
SOTA AI 모델 활용 도구

최신 AI 도구는 개발자와 기업이 복잡한 문제를 해결하고 생산성을 극대화하는 데 중요한 역할을 한다. 구글 클라우드 버텍스(Vertex) AI는 통합된 클라우드 환경에서 데이터 준비부터 모델 배포까지 지원하며, 허깅 페이스는 방대한 사전 학습 모델과 데이터 세트를 통해 다양한 AI 작업을 간소화한다. 또한 래피드API(RapidAPI)는 API 탐색, 테스트, 통합을 효율적으로 수행할 수 있는 플랫폼으로, SOTA AI 모델을 활용해 글로벌 서비스를 제작할 수 있도록 돕는다.

구글 클라우드 버텍스 AI: 클라우드 기반 AI 플랫폼

구글 클라우드 버텍스 AI는 SOTA AI 모델 개발과 배포를 위한 하나의 구글 클라우드 통합 플랫폼으로, 고성능의 TPU 지원과 직관적인 개발 환경을 제공한다. 이 플랫폼은 AI 개발의 복잡성을 줄이고, 머신 러닝 워크플로 전반을 간소화하는 데 중점을 둔다. 특히 대규모 데이터 처리와 모델 배포에 최적화한 기능을 갖추고 있어, 기업과 연구 기관에서 널리 사용되고 있다.

버텍스 AI는 데이터 준비, 모델 학습, 평가, 배포 등 머신 러닝 워크플로의 모든 단계를 통합적으로 관리할 수 있도록 설계되었다. 기존의 구글 AI 플랫폼에서는 각 단계를 분리한 서비스로 제공했으나, 버텍스 AI는 이를 하나의 환경으로 통합함으로써 개발자와 데이터 과학자의 생산성을 높였다. 대표적인 기능으로는 데이터 세트의 변수(피처)를 저장하고 관리하는 피처 스토어(Feature Store), 배포된 모델의 성능을 실시간으로 추적하며 데이터 드리프트(data drift)와 같은 문제를 감지하는 모델 모니터링(Model Monitoring), 그리고 쿠브플로(Kubeflow)를 기반으로 한 자동화된 파이프라인을 구축할 수 있는 파이프라인(Pipeline) 등이 있다. 데이터 드리프트는 머신 러닝 모델이 배포된 후 시간이 지남에 따라 모델이 학습한 데이터와 실제 운영 환경에서 들어오는 데이터 간에 분포의 차이가 발생하는 현상을 말한다.

또한 구글의 TPU를 활용해 대규모 모델 학습을 효율적으로 할 수 있다. TPU는 병렬 연산 처리에 최적화해 있어, 버트나 지피티와 같은 초거대 모델을 학습하거나 미세 조정을 하는 데 적합하다. 또한 엔비디아(NVIDIA) A100 GPU와 같은 고성능 하드웨어도 지원해 다양한 작업에 유연하게 대응할 수 있다. 이와 함께 버텍스 AI의 AutoML 기능은 비전, 언어, 구조화 데이터 등 다양한 데이터 유형에 대해 자동으로 모델을 생성하고 최적화한다.

버텍스 AI는 구글의 사전 학습한 모델과 통합되어, 전이 학습을 간편하게 수행할 수 있다. 예를 들어, 버트나 ViT와 같은 최신 모델을 불러와 특정 도메인에 맞게 모델을 미세 조정할 수 있다. 이는 모델 개발 시간을 단축하고, 적은 데이터로도 높은 성능을 달성할 수 있도록 돕는다. 버텍스 AI는 다양한 산업에서 활발하게 사용되고 있다. 한 글로벌 헬스 케어 기업은 버텍스 AI를 활용해서 환자의 전자 의무 기록(EHR)을 분석해 질병 발생 가능성을 예측하는 모델을 개발했다. 이 과정에서 AutoML과 피처 스토어를 사용해 데이터를 효율적으로 관리하고, 모델의 성능을 지속적으로 모니터링해 예측 정확도를 95% 이상으로 끌어올렸다(Ghargi, 2024). 그리고 미국의 대형 유통업체 로스(Lowe's)는 버텍스 AI의 AutoML 기능을 사용해 판매 데이터를 분석하고, 주요 상품의 수요를 예측해 변동성이 심한 SKU(Stock Keeping Unit)에 대한 예측 정확도를 30% 향상했다(Barker, 2024).

버텍스 AI는 확장성과 사용 편의성 측면에서 많은 장점이 있다. 대규모 데이터 처리와 초거대 모델 학습에 적합한 인프라를 갖추고 있으며, 직관적인 인터페이스와 통합된 워크플로로 사용자 경험을 극대화한다. 또한 사용량에 따라 비용을 지불하는 구조로 초기 투자 부담이 적고, AutoML과 전이 학습 기능을 통해 AI 전문 지식이 없는 사용자도 고성능 모델을 구축할 수 있다. 그러나 장기적으로 대규모 작업에 사용할 경우 비용이 증가할 수 있다는 점과 구글 생태계에 의존성이 있다는 한계도 존재한다. 예를 들어, 버텍스 AI에서 TPU를 장기적으로 활용하면 초기 비용은 절감되지만, 사용량이 늘어남에 따라 운영 비용이 급격히 증가할 수 있다. 또한, 구글 클라우드의 독점적인 API 및 데이터 관리 시스템과 밀접히 통합되어 있어, 다른 클라우드 플랫폼으로의 전환이 어려운 경우가 많다.

허깅 페이스: AI 모델 허브

허깅 페이스는 자연어 처리, 컴퓨터 비전, 음성 인식 등 다양한 AI 작업을 위한 사전 학습 모델과 데이터 세트를 제공하는 플랫폼으로, AI 연구와 개발의 중심적인 역할을 하고 있다. 특히 "트랜스포머" 라이브러리의 활용성이 높은 것으로 널리 알려져 있으며, 사용자는 이를 통해 버트, 로버타, 지피티-4, T5, 디스틸버트(DistilBERT) 등 NLP에 특화한 모델뿐만 아니라 ViT, 달리와 같은 컴퓨터 비전 및 생성형 AI 모델을 간단히 로드하고 미세 조정을 수행할 수 있다(Wolf, et al., 2020).

이 플랫폼은 방대한 사전 학습 모델 저장소와 직관적인 API, 그리고 데이터 세트 관리 도구를 통해 AI 프로젝트의 시작부터 배포까지 전 과정을 지원한다.

예를 들어, 사용자가 지피티-4 모델을 활용해 텍스트 생성 작업을 수행하려면 "from transformers import pipeline" 명령어로 라이브러리를 불러오고, 몇 줄의 코드만으로 간단히 기본 설정을 할 수 있다. 미세 조정 또한 간단한 API 호출로 가능하며, 허깅 페이스의 트레이너(Trainer) 객체를 사용하면 미세 조정 작업을 자동화할 수 있어 개발자는 데이터 준비와 모델 최적화에 더 집중할 수 있다.

데이터 세트 관리와 처리 도구 역시 허깅 페이스의 강점 중 하나다. "데이터세츠(Datasets)" 라이브러리는 수천 개의 공개 데이터 세트를 제공하며, 이를 통해 모델 학습에 필요한 데이터를 쉽게 검색하고 다운로드하며 전처리할 수 있다. 글루(GLUE), 스쿼드(SQuAD), IMDB 리뷰 데이터 세트와 같은 대표적인 데이터 세트도 간단히 로드해 활용할 수 있다. 이 도구는 데이터의 크기와 복잡성에 관계없이 효율적인 처리가 가능하며, 개발자가 데이터 준비에 소모하는 시간을 대폭 줄여 준다.

또한 허깅 페이스는 모델 배포와 추론을 위한 인퍼런스(Inference) API를 제공한다. 추론 작업(Inference)이란, 사전 학습한 AI 모델을 사용해 새로운 데이터에 대한 예측이나 분석을 수행하는 과정을 의미한다. 이 API를 사용하면 사전 학습한 모델을 클라우드 환경에서 바로 배포하고 추론 작업을 실행할 수 있다. 이처럼 사전 학습한 모델을 빠르게 배포하고 실시간으로 추론을 수행할 수 있어 고객 지원, 추천 시스템, 텍스트 분석 등 여러 분야에서 효율성을 증대할 수 있다.

허깅 페이스의 또 다른 중요한 특징은 커뮤니티 중심의 플랫폼이라는 점이다. 연구자와 개발자들은 허깅 페이스 허브(Hub)를 통해 자신들의 모델과 데이터 세트를 공유하고, 다른 사용자들과 협업할 수 있다. 현재까지 수천 개의 모델과 데이터 세트가 공유되어 있으며, 이를 통해 최신 연구 성과와 모범 사례가 빠르게 확산하고 있다. 이러한 커뮤니티 기반 접근 방식은 AI 생태계의 혁신을 가속화하고 지식을 민주화하는 데 크게 기여하고 있다.

래피드API: AI API 통합 관리 플랫폼

래피드API는 AI와 머신 러닝 관련 API를 한곳에서 통합적으로 관리하고 활용할 수 있는 플랫폼으로, 개발자와 기업이 다양한 API를 탐색, 테스트, 배포하는 과정을 효율화한다. 특히, 복잡한 애플리케이션의 기능 구현에 최적화한 AI API를 제공함으로써, 개발자가 더 효율적으로 작업하고 생산성을 높일 수 있도록 돕는다.

래피드API의 가장 큰 장점 중 하나는 수천 개의 API를 단일 플랫폼에서 검색하고 필요에 따라 쉽게 통합할 수 있다는 점이다. 사용자는 래피드API 마켓플레이스를 통해 자연어 처리, 컴퓨터 비전, 번역, 텍스트 분석 등 다양한 작업에 필요한 API를 검색할 수 있다. 예를 들어, 오픈AI의 지피티 API나 어셈블리AI(AssemblyAI)의 음성 처리 API를 래피드API를 통해 간단히 연결하고 활용할 수 있다. 이러한 작업은 몇 번의 클릭만으로 가능하며, 복잡한 설정이 필요하지 않다.

이 플랫폼은 개발자 경험을 극대화하기 위해 직관적인 대시보드와 다양한 테스트 도구를 제공한다. 사용자는 각 API의 성능, 응답 시간, 호출 비용 등을 명확하게 비교할 수 있으며, 실시간으로 API의 엔드포인트를 테스트해 적합성을 검증할 수 있다. 이러한 기능은 개발자들이 최적의 API를 선택하고, 통합 작업에 소요되는 시간을 절약할 수 있도록 한다. 특히, 테스트와 모니터링을 자동화하는 기능은 대규모 프로젝트를 수행하는 팀들에게 필수적이다. 래피드API는 팀 단위 협업을 지원하는 도구를 제공하기 때문에 팀원들이 하나의 플랫폼에서 API를 관리하고, 호출량을 모니터링하며, 사용량에 따라 비용을 최적화할 수 있다.

또한 래피드API 사용자들은 자신만의 API를 제작하고 공유하거나 상업화할 수도 있다. 개발자는 자신이 구축한 API를 래피드API 마켓플레이스에 등록해 전 세계 개발자들과 공유하거나 판매할 수 있다. 이는 API 제공자들에게는 새로운 수익 창출 기회를, 소비자들에게는 더 다양한 선택지를 제공한다. 예를 들어, 모로코의 개발자 아이마드(Aimad)는 '스크랩틱(ScrapTik)'이라는 API를 개발해 래피드API의 마켓플레이스를 통해서 월 천만 원 이상의 수익을 창출하고 있다(Rapid).

이 플랫폼의 주요 장점을 정리하면 다음과 같다. 첫째, 다양한 API를 단일 플랫폼에서 통합 관리함으로써 효율성을 극대화할 수 있다. 둘째, 직관적인 인터페이스와 대시보드를 통해 API 탐색 및 테스트를 손쉽게 수행할 수 있다. 셋째, 협업 도구와 마켓플레이스 기능을 통해 개발 생태계를 확장하고, 프로젝트의 생산성을 높일 수 있다. 다만, API 사용량이 많아질수록 비용이 증가할 수 있다는 점과 특정 API 플랫폼에 종속될 위험이 존재하는 것은 한계로 지적된다(Liao, et al., 2024).

결론적으로, 래피드API는 AI와 머신 러닝 API 통합 관리에 최적화한 플랫폼으로, 복잡한 API 환경을 손쉽게 관리하는 데에 도움을 준다. 단일 플랫폼에서 다양한 API를 탐색, 테스트, 통합할 수 있는 다양한 기능을 제공함으로써 AI와 머신 러닝 기반 애플리케이션 개발의 새로운 표준을 제시하고 있다.

참고문헌

Barker, S.(2024). Empowering businesses with scalable and automated time series forecasting using vertex AI. Expert Beacon. https://expertbeacon.com/empowering-businesses-with-scalable-and-automated-time-series-forecasting-using-vertex-ai/

Ghargi, A.(2024). Google cloud rolls out new digital health solutions at HIMSS 2024. Digital Health News. https://www.digitalhealthnews.com/google-cloud-rolls-out-new-digital-health-solutions-at-himss-2024

Liao, S., et al.(2024, 12). A first look at security and privacy risks in the RapidAPI ecosystem. *Proceedings of the 2024 on ACM SIGSAC Conference on Computer and Communications Security*, pp.1626-1640.

Rapid. Unleashing the power of APIs: How Aimad made five figures on Rapid API hub. http://rapidapi.com/developers/stories/aimad

Wolf, T., et al.(2020.10). Transformers: State-of-the-art natural language processing. *Proceedings of the 2020 conference on empirical methods in natural language processing: system demonstrations*, pp.38-45.

05
SOTA AI 모델 활용 가이드

SOTA AI 모델의 평가 및 최적화는 높은 수준의 전문성과 체계적인 접근이 필요하다. 평가 지표로는 NLP에서 BLEU와 ROUGE, 비전-언어 작업에서 CIDEr 등이 사용된다. 최적화는 하이퍼파라미터 튜닝, 데이터 증강, 전이 학습을 포함하며, 과적합 방지를 위한 규제화 기법도 중요하다. 데이터 드리프트 감지와 실시간 모니터링은 모델 성능 유지의 핵심이다. 종합적 지표 활용과 윤리적 데이터 처리로 모델의 신뢰성과 효율성을 확보해야 한다.

SOTA AI 모델링 프로젝트의 기본 단계

SOTA AI 모델링 프로젝트는 문제 정의에서 배포와 유지보수에 이르기까지 체계적인 접근이 필요하다. 성공적인 프로젝트를 위해서는 명확한 목표 설정, 적절한 데이터 준비, 모델 학습과 검증, 최적화 및 배포 단계를 순차적으로 수행해야 한다.

AI 프로젝트의 첫 번째 단계는 해결하려는 문제를 명확히 정의하고 이를 구체적인 목표로 설정하는 것이다. 프로젝트의 목표는 예측, 분류, 군집화 등으로 구체화할 수 있으며, 이를 통해 어떤 결과를 달성하고자 하는지를 명확히 해야 한다. 예를 들어, 한 전자 상거래 기업이 고객의 구매 데이터를 기반으로 추천 시스템을 구축하려 한다면, 목표는 "개별 고객의 구매 성향과 취향을 기반으로 맞춤형 상품을 추천한다"로 정의할 수 있다. 문제 정의 단계에서는 AI 모델이 문제를 해결할 수 있는지, 프로젝트가 사용자에게 어떤 비즈니스 가치를 제공할 수 있는지, 데이터와 기술 자원이 충분한지 등을 검토해야 한다(황세웅, 2024).

데이터는 AI 모델의 성능을 좌우하는 핵심 요소다. 모델 학습 및 예측 정확도와 프로젝트의 성공 가능성을 높이기 위해서 고품질의 데이터를 확보하는 것은 필수적이다. 신뢰할 수 있는 내부 데이터 또는 외부 데이터 소스를 통해 데이터를 수집하고, 결측치와 이상치를 정제하며, 표준화와 정규화를 통해 학습에 적합한 데이터 형식으로 변환한다. 예를 들어, 자연어 처리 작업에서는 텍스트를 토큰화하고 불용어를 제거하는 과정이 필요하다. 한편, 이미지 데이터 처리에서는 이미지를 픽셀값 배열로 변환하고, 정규화(normalization)를 적용해 데이터의 범위를 통일시킨다. 또한 데이터 증강(data augmentation)을 통해서 회전, 자르기, 색상 변화 등의 기법을 사용해 모델 학습에 필요한 다양성을 확보할 수 있다. 데이터 세트는 학습과 검증 데이터로 분리해 모델의 성능을 공정하게 평가해야 한다(Krizhevsky, et al., 2012).

문제 정의와 데이터 준비가 완료되면, 적합한 모델을 선택하거나 설계해야 한다. SOTA AI 모델링 프로젝트에서는 사전 학습한 모델을 활용하거나 새로운 모델을 설계하는 두 가지 접근이 있다. 허깅 페이스, 텐서플로허브 등에서 제공하는 사전 학습 모델을 활용해 텍스트 생성이나 이미지 분류 시스템을 만들 수 있다. 반면, 새로운 문제를 해결하기 위해 텐서플로나 파이토치를 사용해 모델을 커스터마이징하는 경우도 있다. 모델 학습 단계에서는 준비한 학습 데이터를 사용해 모델이 패턴을 학습하도록 하고, 검증 데이터를 통해 성능을 평가한다. 주요 평가 지표(예: 정확도, F1 점수, ROC-AUC 등)를 사용해 모델의 예측 성능을 다각도로 평가한다. 특히, 비즈니스적 상황에 따라 적합한 평가 지표는 달라질 수 있다. 예를 들어, 불균형 데이터 세트의 경우 F1 점수가, 연속형 변수 예측에서는 평균 절대 오차(MAE)와 평균 제곱 오차(RMSE) 등이 활용된다. 이러한 평가는 모델의 강점과 약점을 분석하는 데 도움을 주며, 반복적인 하이퍼파라미터 튜닝(예: 학습률, 배치 크기)을 통해 성능을 최적화한다(He, et al., 2016).

모델 학습과 검증이 완료되면, 실제 환경에서 사용할 수 있도록 모델을 배포한다. 클라우드 기반의 배포(AWS, 구글 클라우드 버텍스 AI) 또는 온프레미스 배포를 선택할 수 있으며, 배포된 모델은 실시간으로 데이터를 처리하거나 예측을 수행할 수 있다. 또한 데이터 드리프트와 같은 문제를 모니터링하며 모델의 성능 저하를 예방하고, 새로운 데이터에 기반한 재학습 과정을 통해 지속적으로 최적의 성능을 유지한다. 여기서 데이터 드리프트란 앞의 SOTA AI 모델 활용 도구에서 설명했듯이, 모델이 처음 학습한 데이터 분포와 실제 운영 중 수집되는 데이터 분포 간에 차이가 발생하는 현상을 의미한다. 데이터 드리프트는 모델의 예측 성능 저하로 이어질 수 있으므로, 지속적인 모니터링과 업데이트가 필요하다.

오픈AI API를 활용한 지피티-4 활용

오픈AI의 지피티-4는 자연어 처리 분야에서 높은 성능을 제공하는 모델로, 다양한 텍스트 기반 작업에 효과적으로 활용되고 있다. 오픈AI는 이러한 모델을 API 형태로 제공함으로써, 기업과 개발자가 복잡한 인프라나 고성능 하드웨어 없이도 최첨단 AI 기술을 활용할 수 있는 환경을 조성했다. 오픈AI API는 텍스트 생성, 요약, 번역, 질문 응답 등 다양한 작업에 적용 가능한 강력한 도구로, 이를 활용하는 과정은 다음과 같다.

오픈AI API를 사용하려면 먼저 오픈AI 웹사이트에서 계정을 생성하고 API 키를 발급받아야 한다. API 키는 오픈AI API 호출 시 필수적으로 사용되며, 이를 안전하게 관리하는 것이 중요하다. 오픈AI는 사용자의 API 호출량과 사용 비용을 관리할 수 있는 대시보드를 제공해 비용 추적과 자원 관리를 할 수 있도록 한다. 이러한 초기 설정을 통해 사용자는 API 서비스를 손쉽게 시작할 수 있다. 오픈AI API는 사용 목적에 따라 다양한 모델을 제공한다. 주요 모델은 다음과 같다.

지피티-4: 고품질의 텍스트 생성과 요약, 번역, 창의적인 작업에 적합한 모델로, 복잡한 언어 작업에 최적화

지피티-3.5: 지피티-4보다 경량화된 작업에 적합하며, 속도와 효율성을 중시하는 애플리케이션에서 활용

코덱스(Codex): 프로그래밍 언어를 이해하고, 코드 생성 및 디버깅을 지원하는 데 최적화한 모델

위스퍼(Whisper): 음성 데이터를 텍스트로 변환하는 음성 인식 모델로, 다양한 언어와 발화를 지원

달리: 텍스트 설명을 기반으로 고품질 이미지를 생성하거나 편집하는 데 사용되는 모델

API 키 발급 후, 사용자는 레스트풀(RESTful) API 표준을 기반으로 오픈AI API를 호출해 다양한 작업을 수행할 수 있다. 레스트풀 API는 'Representational State Transfer'의 약자로, 클라이언트와 서버 간의 통신을 단순화하고, 요청과 응답을 표준화하는 아키텍처 스타일을 의미한다. 이 표준은 HTTP 프로토콜을 기반으로 하며, 리소스를 URL로 식별하고 요청 메서드(GET, POST, PUT, DELETE 등)를 통해 리소스를 처리할 수 있게 한다. 요

청 본문에는 API 키, 모델 엔진, 프롬프트(prompt), 매개 변수 등이 포함되며, 이러한 요소들은 요청의 결과물의 품질을 크게 좌우한다. 예를 들어, 'max_tokens' 매개 변수를 통해 생성되는 텍스트의 길이를 조정하거나, 'temperature' 매개 변수를 활용해 생성되는 텍스트의 창의성과 다양성을 제어할 수 있다. 오픈AI는 이러한 요청 구성에 대한 자세한 가이드를 제공해, 사용자가 효율적이고 적합한 방식으로 API를 활용할 수 있도록 돕고 있다.

지피티-4와 같은 모델은 기업과 연구 기관에서 혁신적인 솔루션을 개발하는 데 활발히 사용되고 있다. 예를 들어, 듀오링고(Duolingo)는 지피티-4를 활용해 사용자에게 맞춤형 피드백과 대화 연습 기능을 제공하는 '듀오링고 맥스(Duolingo Max)' 서비스를 출시했고(Duolingo Team, 2024), 매스프레소의 '콴다'는 지피티-4를 활용해 학생들에게 맞춤형 학습 콘텐츠를 제공한다.

그러나 오픈AI API를 활용할 때는 몇 가지 주의해야 할 사항들이 있다. 먼저, 비용 관리가 중요한데, API 호출량이 증가함에 따라 비용이 기하급수적으로 증가할 수 있으므로, 호출 빈도 최적화 및 캐싱(caching) 전략을 통해 자원을 효율적으로 운영하도록 시스템을 구축해야 한다. 그리고 복잡한 추론에서 오류를 범하거나 잘못된 정보를 사실처럼 생성하는 할루시네이션이 발생하는 경우가 있으므로, 결과물을 적절히 검증하고 보완하는 과정이 필수적으로 수반되어야 한다.

SOTA AI 모델의 평가 및 최적화 전략

모델의 성능은 단순히 학습 데이터에 대한 적합도뿐만 아니라 실제 응용 환경에서의 신뢰성과 효율성까지 포괄적으로 검증되어야 한다.

모델 성능 평가를 위해 적절한 지표를 선택하는 것은 필수적이다. 평가 지표는 모델이 수행하는 작업의 특성과 목표에 따라 달라지며, 모델의 성능을 다각도로 검토해 모델이 범용성과 안정성을 갖추도록 해야 한다. 예를 들어, 자연어 처리 작업에서는 BLEU(Bilingual Evaluation Understudy) 점수가 자주 사용되는데, 이는 기계 번역의 품질을 평가하기 위한 지표로, 생성된 텍스트가 참조 텍스트와 얼마나 유사한지를 측정한다. BLEU는 단어의 일치 여부뿐만 아니라 구문 단위의 유사성까지 고려해 번역 결과의 문맥적 정확성을 평가한다(Papineni, et al., 2002). 대화 생성 모델에서는 ROUGE(Recall-Oriented Understudy for Gisting Evaluation) 점수가 활용되며,

요약 작업의 정확성을 평가하는 데 적합하다(Lin, 2004). 또한 자율 주행이나 이미지 캡셔닝 같은 비전-언어 작업에서는 CIDEr(Consensus-based Image Description Evaluation)와 같은 지표가 사용되어, 생성된 설명문과 참조 설명문의 문맥적 일치도를 평가한다(Vedantam, et al., 2015).

AI 모델의 성능을 최적화하기 위해서는 하이퍼파라미터 튜닝, 데이터 증강, 전이 학습과 같은 기법들이 주로 사용된다. 하이퍼파라미터 튜닝은 모델의 성능에 큰 영향을 미치는 필수적인 과정으로, 그리드 탐색(Grid Search), 랜덤 탐색(Random Search), 베이즈 최적화(Bayesian Optimization) 등의 기법이 널리 사용된다. 그리드 탐색은 모든 가능한 하이퍼파라미터 조합을 테스트해 최적값을 찾는 방법으로, 결과의 신뢰성이 높지만 계산 비용이 크다는 단점이 있다. 랜덤 탐색은 일부 조합만을 무작위로 선택해 테스트함으로써 효율성을 높이는 방법이며, 베이즈 최적화는 이전 실험 결과를 기반으로 하이퍼파라미터를 선택해 탐색의 효율성을 극대화한다.

데이터 증강은 특히 데이터가 부족하거나 모델의 일반화 성능을 향상하고자 할 때 유용하게 사용된다. 이미지 데이터의 경우 회전, 크기 조정, 색상 변환과 같은 기법이 활용되며, 텍스트 데이터에서는 동의어 치환, 문장 순서 변경 등의 기법이 일반적이다. 이와 함께 전이 학습(Transfer Learning)은 사전 학습한 모델을 새로운 작업에 적용해 데이터와 시간의 제약을 극복하는 효과적인 방법으로 자리 잡고 있다. 예를 들어, 자연어 처리 작업에서는 버트와 같은 사전 학습 모델을 특정 도메인의 텍스트 분류 작업에 맞도록 미세 조정해 높은 성능을 얻을 수 있다.

또한 과적합을 방지하기 위한 규제화(Regularization) 기법도 모델 최적화 과정에서 필수적으로 고려된다. L1 및 L2 규제는 모델의 복잡성을 제어해서 학습 데이터에 과도하게 의존해 과적합이 발생하지 않도록 하며, 드롭아웃(dropout)은 학습 과정에서 일부 뉴런을 무작위로 비활성화해 모델의 일반화 능력을 높인다. 그리고 데이터 드리프트 현상도 항상 모니터링하고 대응해야 한다.

모델 평가 및 최적화에는 평가 지표의 한계를 인지하고 이를 보완하는 과정이 필요하다. 단일 지표에 의존하기보다는 여러 지표를 종합적으로 고려하는 것이 좋다. 또한 하이퍼파라미터 튜닝이나 데이터 증강과 같은 최적화 작업은 높은 계산 비용을 수반할 수 있으므로, 클라우드 기반의 분산 컴퓨팅 리소스를 활용하거나 효율적인 자원 관리 전략을 수립해야 한다. 윤리적 고려 역시 중요한 요소로, 데이터 편향이 모델 결과에 영향을 미치지 않도록 신중하게 데이터를 선택하고 처리해야 한다.

참고문헌

최미래(2024). [에듀테크] '모르는 문제 촬영하면 5초 만에 문제풀이' AI 결합된 에듀테크 제품 선보이는 국내 스타트업. INVEST. https://www.investnews.co.kr/news/articleView.html?idxno=3001475

황세웅(2024). 『데이터 분석가가 반드시 알아야 할 모든 것: 파이썬 코드와 캐글 데이터 세트으로 실습하는』(개정판). 위키북스.

Duolingo Team(2024). Introducing Duolingo Max, a learning experience powered by GPT-4. https://blog.duolingo.com/duolingo-max/

He, K., et al.(2016). Deep residual learning for image recognition. *Proceedings of the IEEE conference on computer vision and pattern recognition*, pp.770-778.

Krizhevsky, A., et al.(2012). Imagenet classification with deep convolutional neural networks. *Advances in neural information processing systems*, 25.

Lin, C. Y.(2004.7). Rouge: A package for automatic evaluation of summaries. *Text summarization branches out*, pp.74-81.

Papineni, K., et al.(2002.7). Bleu: a method for automatic evaluation of machine translation. *Proceedings of the 40th annual meeting of the Association for Computational*

Linguistics, pp.311–318.

Vedantam, R., et al.(2015). Cider: Consensus–based image description evaluation. *Proceedings of the IEEE conference on computer vision and pattern recognition*, pp.4566–4575.

06
SOTA AI 모델의 미세 조정

미세 조정은 SOTA AI 모델을 특정 도메인에 맞게 조정해 성능을 극대화하는 핵심 과정이다. 이는 사전 학습한모델의 기존 구조를 유지하며 새로운 데이터로 파라미터를 업데이트하는 방식으로 이루어진다. 로라(LoRA)와 프롬프트 튜닝(Prompt Tuning) 같은 기법은 효율성을 높이고, 퓨숏 러닝은 소량의 예제로도 작업을 수행할 수 있게 한다. 미세 조정을 구현할 때 발생하는 다양한 문제 상황에 적합한 방법론을 선택해 올바르게 활용하는 것이 중요하다.

미세 조정의 개념과 필요성

SOTA AI 모델은 일반적으로 대규모 데이터와 고성능 컴퓨팅 자원을 기반으로 사전 학습한 형태로 제공된다. 이들은 사전 학습 과정에서 방대한 일반 데이터를 사용해 다양한 일반적인 서비스나 업무에서 무난한 성능을 보이지만, 특정 도메인이나 업무에 최적화하기 위해서는 추가적인 미세 조정(Fine-Tuning)이 필요하다. 미세 조정은 기존 모델의 구조를 유지하면서 새로운 데이터로 모델의 파라미터를 업데이트하는 과정을 말한다 (Howard & Ruder, 2018).

미세 조정은 전이 학습의 핵심 단계로, 사전 학습한 모델의 일반적인 학습 결과를 특정 도메인에 적합하게 전환하는 기술이다. 이 과정에서 모델의 일부 또는 전부를 업데이트하며, 새로운 데이터의 특성을 반영하도록 모델을 재조정한다.

예를 들어, 사전 학습한 지피티 모델이 기본적으로는 일반적인 언어 이해와 생성 작업을 수행할 수 있지만, 이를 특정 고객 지원 서비스에 활용하려면 추가적인 미세 조정이 필요하다. 고객 지원에 사용하는 데이터(예: 고객 문의와 답변)를 활용해 모델을 미세 조정하면, 지피티는 해당 도메인에 특화한 언어 패턴과 고객 응대 방식에 대해 학습할 수 있다. 또 다른 예로, 의료 도메인에서 활용하는 버트 모델을 생각해 보자. 기본 버트 모델은 일반적인 텍스트 데이터로 학습했지만, 이를 의학적 용어와 맥락을 이해하도록 조정하려면 의료 기록이나 논문과 같은 특화한 데이터를 활용해 미세 조정해야 한다. 이를 통해 모델은 “CT 촬영 결과”나 “혈압 수치”와 같은 전문 용어를 더 잘 이해하고, 환자의 진단을 돕는 도구로 활용될 수 있다.

미세 조정은 새로운 데이터를 학습하는 전 과정을 포함하지 않는다는 점에서 사전 학습과 구별된다. 이 방식은 모델이 이미 학습한 정보를 기반으로 적은 양의 데이터를 활용해 성능을 극대화할 수 있게 한다. 결과적으로, 미세 조정은 데이터와 컴퓨팅 자원의 효율성을 높이는 동시에 특정 문제에 대한 모델의 적응력을 극대화하는 데 중점을 둔다(Zoph, et al., 2018).

미세 조정은 사전 학습한 모델이 가진 한계를 극복하고, 특정 업무나 작업에 적합한 맞춤형 모델을 생성하기 위해 필수적이다. 사전 학습한 모델은 일반적인 데이터 패턴을 학습하는 데 적합하지만, 특정 도메인에서 발생하는 고유한 언어나 문맥을 완전히 이해하지 못할 가능성이 크다.

예를 들어, 법률 문서의 복잡한 어휘와 문체는 일반적인 텍스트 데이터 세트로 학습한 모델이 제대로 처리하지 못할 수 있다. 이 경우, 법률 도메인의 계약서와 판례 데이터를 기반으로 모델을 미세 조정하면, 법률 도메인에서의 문맥을 더 잘 이해하고 정확한 예측을 할 수 있다. 또한 미세 조정은 모델이 사전 학습 중 얻은 데이터 편향(Data Bias)을 바로잡는 데도 유용하다. 대규모 사전 학습 데이터 세트에는 특정 지역, 문화, 혹은 사회적 맥락에 대한 편향이 내재해 있을 수 있다. 예를 들어, 번역 AI 모델이 특정 언어를 과소 대표하거나, 특정 문법 구조에 대해 부정확하게 번역할 경우, 해당 언어 데이터로 미세 조정을 수행함으로써 번역 품질을 개선할 수 있다(Bommasani, et al., 2021).

미세 조정을 위한 전략

SOTA AI 모델을 특정 도메인이나 업무 분야에 맞게 조정하려면 적은 자원으로도 높은 성능을 달성할 수 있는 효율적이고 효과적인 미세 조정 전략이 필요하다. 대표적인 기법으로 로라(LoRA, Low- Rank Adaptation), 프롬프트 튜닝, 그리고 데이터 증강(Data Augmentation)을 들 수 있다.

로라는 사전 학습한 대규모 모델의 파라미터 전체를 학습하지 않고, 특정 저차원 공간에서만 추가 파라미터를 학습하는 방법이다. 이 기법은 모델의 기존 구조를 유지하면서도 새로운 데이터의 특성에 적응할 수 있도록 설계되었으며, 메모리와 계산 자원을 크게 절약할 수 있다. 예를 들어, 금융 도메인에 특화한 지피티 모델을 개발할 때, 로라는 수천억 개의 파라미터를 모두 재학습하지 않고, 몇천 개의 추가 파라미터만 조정해 도메인 적합성을 높인다. 이는 기존 방식에 비해 학습 비용과 시간을 대폭 절감해 소규모 연구 환경이나 자원이 제한된 기업에서도 활용할 수 있도록 한다(Hu, et al., 2021).

프롬프트 튜닝은 모델의 파라미터를 변경하지 않고 입력 프롬프트를 최적화해 모델의 출력을 원하는 방향으로 유도하는 기법이다(Lester, et al., 2021). 이 방식은 특히 초거대 모델에서 효과적이며, 데이터 요구량과 학습 비용을 크게 절약할 수 있다. 예를 들어, 소셜 미디어 게시물의 감정 분석 작업에서 "이 게시물의 감정을 [긍정적/부정적]으로 구분하라"는 단순한 프롬프트 대신, "이 게시물에서 나타나는 감정을 명확히 기술하라"는 프롬프트를 사용하면 더 정밀한 결과를 얻을 수 있다. 프롬프트 튜닝은 모델이 특정 도메인의 문맥을 더 잘 이해하도록 돕는 동시에, 모델의 기본 파라미터를 그대로 유지해 효율성을 높인다.

데이터 증강은 제한된 데이터로도 학습 데이터의 다양성을 높여 모델의 일반화 성능을 강화하는 데 유용한 기술이다. 동의어 교체(Synonym Replacement)는 단순하면서도 효과적인 데이터 증강 방법으로, 문장에서 특정 단어를 유의어로 교체해 새로운 학습 데이터를 생성한다(Kobayashi, 2018). 예를 들어, "고객 지원 서비스는 신속해야 한다"는 문장에서 "고객"을 "클라이언트"로, "신속"을 "빠르게"로 바꾸어 새로운 문장을 생성할 수 있다. 이러한 기법은 데이터의 의미를 유지하면서도 구조적 다양성을 높여, 모델이 다양한 입력 패턴을 학습하도록 돕는다. 다만, 문맥과 부합하지 않는 동의어 교체는 성능 저하를 초래할 수 있으므로, AI 기반의 동의어 선택 알고리즘이나 역번역(Back-Translation)과 같은 다른 증강 기법을 병행하면 효과를 더욱 높일 수 있다.

자동화 도구는 미세 조정 과정의 복잡성을 줄이고 사용자 접근성을 높이는 데 중요한 역할을 한다. 허깅 페이스의 오토트레이너(AutoTrainer)는 데이터 세트를 업로드하면 최적의 하이퍼파라미터를 자동으로 탐색하고 모델을 미세 조정한다(Zhang, et al., 2021). 예를 들어, 법률 데이터를 활용해 판례를 주제별로 분류하는 모델을 개발할 때, 오토트레이너는 별도의 프로그래밍 없이 데이터 세트를 분석하고, 분류 작업에 적합한 모델을 자동으로 생성한다.

로라나 프롬프트 튜닝과 같은 기법은 자원 효율성을 극대화하면서도 높은 성능을 유지하도록 설계되었으며, 동의어 교체와 같은 데이터 증강 기법은 모델이 더 넓은 패턴을 학습할 수 있도록 돕는다. 또한 자동화 도구는 이러한 기법들을 손쉽게 구현할 수 있도록 지원하며, AI 기술의 대중화를 이끌고 있다. 이처럼 다양한 전략의 발전은 SOTA AI 모델의 활용 범위를 확장하고, 특정 도메인에서의 적용성을 높인다.

미세 조정 구현 및 문제 해결

미세 조정은 크게 세 단계로 이루어진다. 먼저, 적합한 사전 학습 모델을 선택한다. 그다음 해당 모델에 적합한 도메인 데이터를 준비한다. 마지막으로, 학습 환경과 하이퍼파라미터를 설정해 모델을 미세 조정한다.

허깅 페이스는 SOTA AI 모델의 미세 조정을 위한 주요 도구로 널리 활용된다. 허깅 페이스의 "트레이너(Trainer)" 클래스는 데이터 세트 로딩, 모델 초기화, 학습 루프 설정과 같은 과정을 자동화해 작업을 간소화해 준다. 예를 들어, 버트 모델을 사용해 특정 도메인의 질문 응답 시스템을 구축하려면, 허깅페이스의 "트랜스포머스(transformers)" 라이브러리를 사용해 사전 학습한 모델을 로드하고, 스쿼드와 같은 도메인 특화 데이터 세트로 미세 조정을 수행할 수 있다. 이미지 작업에서는 오픈AI의 클립 모델을 활용해 의학 이미지와 같은 특화한 데이터로 텍스트-이미지 매칭 작업을 강화할 수 있다. 클립의 텍스트 인코더와 이미지 인코더를 함께 학습시키면 도메인에 특화한 멀티모달 검색 기능을 구현할 수 있다.

SOTA AI 모델의 미세 조정에서 가장 큰 장애물은 데이터 부족 문제다. 도메인 데이터가 제한적인 경우, 퓨샷 러닝과 데이터 증강 기법이 효과적인 해결책이 될 수 있다. 퓨샷 러닝은 소량의 데이터로도 성능을 발휘할 수 있도록 설계한 기술로, 초거대 사전 학습 모델에서 효과적으로 작동한다(Ravi & Larochelle, 2017). 이 기법은 모델이 이미 사전 학습 단계에서 방대한 데이터로 일반적인 언어적 패턴과 구조를 학습하고 있는 상태를 활용한다. 이는 두 가지 핵심적인 원리에 의해 작동하는데, 첫째가 사전 학습한 지식의 전이(Transfer of Knowledge)다. 사전 학습 과정에서 모델은 광범위한 일반 지식을 학습하며, 이를 새로운 도메인 작업에 적용한다. 예를 들어, 지피티는 사전 학습 데이터로 대규모 웹 텍스트를 사용했기 때문에, 다양한 문법, 스타일, 주제에 대한 이해도를 이미 가지고 있다. 새로운 도메인에서 추가 학습 없이도 해당 작업의 문맥을 이해하고 적응할 수 있는 이유는 이러한 사전 학습한 지식 덕분이다. 둘째는 프롬프트를 통한 태스크 정의(Task Definition via Prompting)다. 퓨숏 러닝은 모델의 입력을 통해 업무 및 작업의 규칙과 예제를 함께 제공함으로써 모델이 업무의 목적과 구조를 이해하도록 한다. 예를 들어, 고객 서비스 도메인에서 "이 고객 문의에 대한 적절한 응답을 작성하시오: '배송이 늦어지고 있어요'"라는 프롬프트를 제공하면, 모델은 프롬프트 자체에 포함된 업무 정의를 기반으로 문맥을 학습하고 적절한 답변을 생성한다.

퓨숏 러닝은 단순히 소량의 데이터를 활용하는 데 그치지 않고, 초거대 모델의 내부에서 작동하는 "상황 학습(Contextual Learning)"의 메커니즘을 활용한다. 상황 학습이란 모델이 사전 학습된 지식을 바탕으로 주어진 프롬프트 내에서 입력된 문맥을 이해하고, 이를 토대로 새로운 작업에 맞는 출력물을 생성하는 과정을 의미한다. AI 모델은 프롬프트를 통해 작업 규칙과 예제를 입력받고, 이를 바탕으로 출력 결과를 생성한다. 이 과정에서 모델은 사전 학습한 지식을 적극적으로 활용하며, 입력된 예제와 규칙을 통해 새로운 작업에 맞는 출력물을 생성한다.

또한 모델이 도메인 데이터에 지나치게 편향되는 것을 방지하기 위해 교차 도메인 미세 조정(Cross Domain Fine-Tuning) 기법을 적용할 수 있다. 예를 들어, 뉴스 데이터로 사전 학습한 모델을 학술 데이터로 미세 조정하기 전에, 두 데이터 간 언어적 차이를 줄이기 위해 뉴스와 학술 데이터를 혼합한 중간 단계 학습을 수행하는 방식이다(Gururangan, et al., 2020).

이처럼 미세 조정을 구현할 때는 다양한 문제 상황이 발생할 수 있으며, 그에 따른 적합한 방법론을 활용할 수 있어야 SOTA AI 모델의 효용성을 최대로 높일 수 있다.

참고문헌

Bommasani, R., et al.(2021). On the opportunities and risks of foundation models. arXiv preprint arXiv:2108.07258.

Gururangan, S., et al.(2020). Don't stop pretraining: Adapt language models to domains and tasks. arXiv preprint arXiv:2004.10964.

Howard, J. & Ruder, S.(2018). Universal language model fine-tuning for text classification. arXiv preprint arXiv:1801.06146.

Hu, E. J., et al.(2021). Lora: Low-rank adaptation of large language models. arXiv preprint arXiv:2106.09685.

Kobayashi, S.(2018). Contextual augmentation: Data augmentation by words with paradigmatic relations. arXiv preprint arXiv:1805.06201.

Lester, B., et al.(2021). The power of scale for parameter-efficient prompt tuning. arXiv preprint arXiv:2104.08691.

Ravi, S. & Larochelle, H.(2017, February). Optimization as a model for few-shot learning. In International conference on learning representations.

Zhang, X., et al.(2021.5). Autotrainer: An automatic dnn training problem detection and repair system. *2021 IEEE/ACM 43rd International Conference on Software Engineering(ICSE)*, pp.359-371. IEEE.

Zoph, B., et al.(2018). Learning transferable architectures for scalable image recognition. *Proceedings of the IEEE conference on computer vision and pattern recognition*, pp.8697-8710.

07
활용 사례로 본 SOTA AI

SOTA AI 모델은 언어, 이미지, 멀티모달 기술을 통해 다양한 산업과 사회 문제를 혁신적으로 해결하고 있다. 언어 모델은 고객 지원 자동화와 법률 문서 분석 등으로 생산성을 높이며, 이미지 모델은 의료 진단과 자율 주행 등의 분야에서 생산성을 획기적으로 높여 준다. 이러한 모델들은 멀티모달로 발전해 인간의 언어적, 시각적, 청각적 요구를 통합적으로 해결한다.

언어 모델 활용 사례

언어 모델은 자연어 처리 능력을 기반으로 다양한 산업에서 중요한 도구로 자리 잡았다. 특히 고객 서비스와 법률 문서 분석 분야에서 SOTA AI 모델이 적용되며 효율성과 생산성 향상에 많은 도움을 주고 있다. 오픈AI의 지피티-4와 같은 대규모 언어 모델은 고객 지원 시스템의 혁신적인 변화의 중심에 있다. 이 모델은 고객의 질문을 이해하고 맥락에 맞는 응답을 실시간으로 생성하는 능력을 갖추고 있다. 기존의 챗봇은 사전에 정의된 답변을 제공하는 수준에 그쳤으나, 지피티 기반 시스템은 고객 질문의 의도를 정확히 파악하고, 자연스러운 대화가 가능하다.

예를 들어, 쇼피파이(Shopify)는 지피티-4를 활용한 고객 지원 자동화 시스템을 도입해 24시간 운영 체계를 구축했다. 이 시스템은 고객이 주문 상태를 확인하거나 환불 절차를 문의할 때, 관련 정보를 자동으로 조회하고 응답한다. 고객이 "주문 번호 12345의 배송 상태를 알고 싶습니다"라고 요청하면, 시스템은""주문 번호 12345는 배송 중이며, 예상 도착 시간은 3일 후입니다"라는 답변을 실시간으로 제공한다. 이러한 자동화는 다국어 지원 기능과 결합해 글로벌 고객 응대 품질을 높이고, 상담원의 업무 부담을 줄이는 데 기여하고 있다(Morton, 2023).

또한 이러한 지피티 기반 시스템은 고객의 불만 사항을 사전에 감지하고 해결책을 제안하는 데에도 활용된다. 예를 들어, 고객이 배송 지연에 대해 불만을 제기하면, 시스템은 자동으로 보상 정책을 안내하거나 빠른 배송 옵션을 제공한다. 이러한 기능은 고객 만족도를 높이고 브랜드 이미지를 강화하며, 고객 충성도를 증가시키는 데 중요한 역할을 한다.

두 번째로 법률 분야에서는 방대한 법률 문서를 신속하고 정확하게 분석하고 요약하는 작업이 활발히 이루어진다. 이는 높은 전문성을 요구하는 동시에 시간이 많이 소요되는 작업으로, 대규모 언어 모델의 활용 가치를 극대화할 수 있는 분야다.

케이스텍스트(Casetext)의 코카운셀(CoCounsel)은 지피티-4 기반의 법률 AI 도구로, 계약 검토, 판례 검색, 문서 요약 등 다양한 작업을 자동화한다. 예를 들어, 변호사가 계약서를 검토해야 할 때, 코카운셀은 "계약 위반 시 발생하는 손해 배상 조항은 무엇인가?"와 같은 질문에 대해 계약서 내용을 읽고 "위약금은 계약 총액의 10%로 설정되어 있습니다"라는 답변을 즉시 생성한다. 이는 기존에 수작업으로 몇 시간이 걸리던 작업을 몇 분 만에 처리하며, 문서 분석의 정확성과 효율성을 동시에 높인다.

이 기술은 대형 로펌뿐만 아니라 중소형 로펌에서도 도입해 법률 서비스의 접근성을 높이고 있다. 법률 문서 검토 시간이 최대 70% 단축되었으며, 문서 분석 정확도는 인간 전문가 수준과 동등하거나 더 우수한 결과를 기록했다. 이를 통해 법률 전문가들은 반복적이고 시간을 많이 소요하는 작업에서 벗어나, 전략적 판단과 고객 상담 등 고부가가치 업무에 더 집중할 수 있게 되었다 (Schwarcz & Choi, 2023).

또한 언어 모델은 판례 검색과 법률 조사에도 효과적으로 활용된다. 기존에는 판례나 법령을 검색하기 위해 수많은 데이터베이스를 수작업으로 찾아야 했으나, 지피티 기반 모델은 특정 사건과 유사한 판례를 자동으로 검색하고 요약할 수 있다. 예를 들어, 변호사가 "계약 이행 불가와 관련한 최신 판례를 찾아 줘"라고 요청하면, 모델은 관련 판례를 검색하고, "계약 이행 불가 사례로 2022년 판례에서 유사한 판결이 있었습니다. 해당 사례는 계약 당사자 간의 분쟁에서 중재로 해결되었습니다"와 같은 요약 내용을 제공한다. 이는 변호사가 사건 준비에 소요하는 시간을 단축할 뿐만 아니라, 더 정확하고 포괄적인 법률 조언을 할 수 있도록 돕는다.

언어 모델은 이러한 방식으로 고객 서비스와 법률 분야에서 혁신적인 도구로 활용되고 있다. 지피티-4와 같은 SOTA AI 언어 모델은 자연어 처리 능력을 활용해 복잡한 작업을 단순화하고, 인간의 작업을 보완하거나 대체하며 새로운 가치를 창출하고 있다.

이미지 모델 활용 사례

의료 분야에서 딥러닝 기반의 이미지 모델은 MRI, CT, X-ray 등 다양한 의료 영상을 분석해 질병을 조기에 발견하고 진단을 지원하는 데 중요한 역할을 한다. UCLA 연구진이 개발한 SLIViT(SLice Integration by Vision Transformer)는 의료 영상 분석을 위한 최적화된 딥러닝 프레임워크로, 2D와 3D 데이터를 통합해 더욱 정교한 분석을 가능하게 한다. 예를 들어, SLIViT는 CT 스캔 데이터를 활용해 폐 결절 크기를 측정하거나, MRI 영상을 분석해 뇌종양의 경계를 정확히 파악하는 데 사용된다. 특히, 이 모델은 대규모 의료 데이터에서 학습한 글로벌 패턴을 활용해 병변 감지에 효과적으로 작동한다.

또한 AI 기반 의료 영상 분석은 방대한 데이터를 효율적으로 처리해 진단의 표준화를 이룰 수 있도록 도와준다. 예를 들어, 방사선사의 경험과 숙련도에 따라 달라질 수 있는 X-ray 해석 결과를 AI 모델이 보완해 일관된 분석 결과를 제공한다. 한 연구에서는 AI 알고리즘이 인간 방사선과 의사와 비슷한 수준의 진단 정확도를 달성했으며, 일부 시스템은 의료 이미지에서 이상을 감지하는 데 최대 94.5%의 정확도를 보였다. 이처럼 AI는 방사선사의 판독 업무를 보조해, 놓치기 쉬운 병변을 감지하거나 분석 시간을 단축하는 데 기여하고 있다(Badawy, et al., 2023).

SOTA AI 이미지 모델의 활용 분야에서 대표적인 다른 분야는 자율 주행 기술이다. 알파벳(전 구글) 산하의 자율 주행 자동차 개발 업체 웨이모(Waymo)의 자율 주행 시스템은 카메라와 LiDAR, 레이더 등의 센서 데이터를 딥러닝 모델로 통합 분석해 차량과 보행자, 도로 표지판, 교통 신호를 인식한다(Scanlon, et al., 2021). 특히, 웨이모는 욜로와 같은 실시간 객체 탐지 모델을 활용해 보행자와 차량을 즉각적으로 식별하고, 이동 경로를 예측한다.

엔비디아의 옴니버스 레플리케이터(Omniverse Replicator)는 자율 주행 차 개발 과정에서 가상 환경을 활용해 대규모 데이터를 생성하고, 이를 기반으로 딥러닝 모델을 훈련한다. 이 플랫폼은 자율 주행 센서 시뮬레이션을 통해 복잡한 도로 상황을 재현하며, 실제 주행 상황과 유사한 환경에서 모델의 성능을 테스트하고 개선한다. 예를 들어, 옴니버스는 교차로에서 다양한 날씨 조건과 조명 변화를 시뮬레이션해, 모델이 다양한 환경에서 안정적으로 작동하도록 훈련을 할 수 있게 한다. 이러한 기술은 실제 주행 테스트에 드는 비용과 시간을 절감하고, 자율 주행 차의 안전성을 높일 수 있도록 한다(Ahmed, et al., 2024).

또한 이미지 모델은 도로 상황의 복잡성을 해소하기 위한 다중 카메라 입력 데이터를 효율적으로 처리하는 데에도 활용된다. 현대의 자율 주행 시스템은 일반적으로 6~8개의 카메라에서 실시간 데이터를 수집하며, 이미지 모델은 이러한 데이터를 병합해 360도 시야를 만들어 낸다. 이러한 시스템은 복잡한 도심 환경에서도 안정적인 자율 주행을 가능하게 한다.

이처럼 이미지 모델은 의료 영상 분석과 자율 주행 기술에서 핵심적인 역할을 하며, 인간의 한계를 보완하는 동시에 새로운 가능성을 열어 가고 있다.

멀티모달 모델 활용 사례

멀티모달 모델은 텍스트, 이미지, 음성, 영상 등 다양한 형태의 데이터를 동시에 처리하고 결합해 보다 풍부하고 직관적인 결과를 생성하는 기술이다. 이 모델은 단일 데이터 유형의 한계를 넘어, 이질적인 데이터 간의 상호작용을 통해 혁신적인 응용을 가능하게 한다. 그런데 대부분의 AI 기술 서비스들은 어느 정도 멀티모달의 성격을 가지고 있다. 따라서 이번에는 보다 독창적인 멀티모달 모델의 활용 사례를 살펴본다.

멀티모달 모델은 창의적인 작업을 더욱 효과적으로 할 수 있도록 지원하며 예술, 미디어, 디자인 산업에서 새로운 가능성을 열고 있다. 오픈AI의 지피티-4와 달리를 결합한 시스템은 영화, 광고, 게임 제작 초기 단계에서 스토리와 시각 자료를 동시에 생성하는 데 활용되고 있다. 이 시스템은 텍스트와 이미지를 결합해 디자이너와 제작자가 초기 아이디어를 시각화하는 데 필요한 시간을 대폭 단축한다.

예를 들어, 영화 제작자가 "SF 영화로, 미래 도시의 지하철에서 펼쳐지는 스릴러 장면"이라는 텍스트를 입력하면, 지피티-4는 서사를 작성하고, 달리는 이에 적합한 시각적 이미지를 생성한다. 이 과정에서 멀티모달 모델은 스토리의 문맥을 이해하고, 생성된 텍스트와 시각적 요소 간의 일관성을 유지한다. 예를 들어, 서사에서 "지하철 조명이 깜빡이는 긴장감 있는 장면"이 등장하면, 달리는 이를 반영한 어두운 톤의 이미지를 생성해 스토리의 긴장감을 시각적으로 표현한다.

이 기술은 영화뿐만 아니라 광고 및 마케팅 산업에서도 활용된다. 예를 들어, 에버랜드는 제일기획과 넷플릭스 시리즈 〈오징어게임〉 미술 감독인 채경선 감독과 협업을 통해 에버랜드 내 이색 체험 공간 블러드 시티의 '화이트 Z : 희망의 씨앗' 캠페인 티저 영상을 실제 촬영 없이 AI 기술로 제작했다. 영상 스토리 구성은 지피티를 활용했고, 영상은 미드저니와 스테이블 디퓨전을 사용했다(김아람, 2023). 이러한 멀티모달 기술은 초기 디자인 단계에서 아이디어를 구체화하고, 반복적인 수정을 최소화하며, 제작 시간과 비용을 절감하는 데 도움을 준다.

또한 멀티모달 모델은 텍스트, 음성, 이미지 데이터를 결합해 청각 장애인과 같은 의사소통 장애를 가진 사람들의 일상생활을 개선하는 데 큰 잠재력을 보여 주고 있다. 유럽 연합(EU)의 aiD 프로젝트는 이러한 기술의 잠재력을 잘 보여 주는 대표적인 사례다.

aiD 프로젝트는 AI, 머신 러닝, 증강 현실(AR)을 결합해 청각 장애인과 난청인을 위한 의사소통 솔루션을 개발하고 있다. 이 프로젝트는 청각 장애인이 좀 더 효과적으로 정보를 이해하고, 비장애인과 원활하게 의사소통할 수 있도록 지원하는 데 초점을 맞추고 있다(CORDIS, 2024).

이 프로젝트의 핵심 기술은 음성을 텍스트로 변환하고, 변환한 텍스트를 시각적 정보(예: 자막, 증강 현실 기반 애니메이션)로 표현하는 멀티모달 AI 시스템이다. 예를 들어, 회의실에서 발표자의 음성을 실시간으로 텍스트 자막으로 변환한 뒤, 이를 증강 현실 디바이스에 표시해 청각 장애인이 시각적으로 접근할 수 있도록 한다. 또한 발표자가 복잡한 개념을 설명할 경우, AI는 관련 이미지를 생성하거나 애니메이션을 추가해 개념을 더 명확히 전달한다.

이 기술은 단순히 음성을 텍스트로 변환하는 데 그치지 않는다. 텍스트 데이터를 분석해 중요한 정보나 키워드를 강조하고, 시각적 효과를 통해 이해를 돕는다. 예를 들어, “회의 중 중요 발표 내용은 프로젝트 일정 변경입니다”라는 문장을 생성한 뒤, “프로젝트 일정 변경”이라는 키워드를 시각적으로 강조한다. 이를 통해 청각 장애인은 핵심 정보를 빠르게 파악할 수 있다.

멀티모달 AI는 단순히 데이터를 처리하는 것을 넘어, 인간의 언어적, 시각적, 청각적 요구를 통합적으로 해결함으로써 산업과 사회 전반에 걸쳐 인간의 경험을 확장하고, 접근성과 창의성을 동시에 높이는 데 중요한 역할을 하고 있다.

참고문헌

김아람(2023.9.11). 제일기획, 에버랜드 캠페인 티저 영상 AI 기술로 제작. 연합뉴스. https://carat.im/blog/idal-jumoghalmanhan-ai-kaempein

Ahmed, N., et al.(2024). A systemic survey of the omniverse platform and its applications in data generation, simulation and metaverse. *Frontiers in Computer Science*, 6, 1423129.

Avram, O., et al.(2023). SLIViT: A general AI framework for clinical-feature diagnosis from limited 3D biomedical-imaging data. Research Square.

Badawy, E., et al.(2023). The synergy between AI and radiologist in advancing digital mammography: Comparative study between stand-alone radiologist and concurrent use of artificial intelligence in BIRADS 4 and 5 female patients. *Egyptian Journal of Radiology and Nuclear Medicine*, 54(1), p.191.

CORDIS(2024). AI solutions for the deaf and hard of hearing. European Commission. https://cordis.europa.eu/article/id/450232-ai-solutions-fo

r-the-deaf-and-hard-of-hearing

Headnotes, 1

Morton, L.(2023). Shopify adds ChatGPT assistant to shop app & web. Value Added Resource. https://www.valueaddedresource.net/shopify-adds-chatgpt-assistant-shop-app/

Scanlon, J. M., et al.(2021). Waymo simulated driving behavior in reconstructed fatal crashes within an autonomous vehicle operating domain. *Accident Analysis & Prevention*, 163, 106454.

Schwarcz, D. & Choi, J. H.(2023). Ai tools for lawyers: a practical guide. *108 Minnesota Law Review*

08
SOTA AI 모델의 한계와 래그(RAG)

SOTA AI 모델은 데이터 편향, 실시간 정보 부족, 계산 자원의 부담, 할루시네이션 등의 한계가 있다. 이를 보완하는 래그는 검색과 생성을 결합해 실시간 정보 처리와 신뢰성 향상에 도움을 준다. 대표적인 예로 빙 챗(Bing Chat)이 있으며, 금융 도메인의 블룸버그지피티(BloombergGPT)는 금융 데이터를 활용해 시장 분석, 보고서 작성, 데이터 비교 등을 수행한다. 이와 같은 래그 기반 시스템은 향후 AI 기술 발전에 중요한 역할을 할 것으로 기대된다.

SOTA AI 모델의 한계

SOTA AI 모델은 최첨단 기술로 높은 성능을 자랑하지만, 여전히 극복해야 할 한계가 존재한다. 첫째로, 데이터 편향과 신뢰성 부족의 문제가 있다. 이들 모델은 대규모 데이터 세트를 학습하는 과정에서 데이터에 내재한 편향을 그대로 반영하게 된다. 이는 특정 집단이나 문화적 배경을 과도하게 반영하거나 소외하는 결과를 낳을 수 있다. 예를 들어, 자연어 처리 모델이 특정 언어권에 치우친 데이터를 학습할 경우, 다문화적 맥락에서 부적절한 응답을 생성하거나 특정 집단에 대해 편향적인 결론을 도출할 가능성이 있다. 특히 의료, 법률, 채용과 같은 사회적 책임이 요구되는 분야에서 이러한 편향은 더 큰 문제로 작용한다. 이를 완화하기 위해 데이터 세트의 다양성을 높이고 알고리즘의 공정성을 개선하려는 노력이 진행 중이지만, 지금까지는 초기 단계에 머물러 있다 (Bender, et al., 2021; Marcus & Davis, 2020).

둘째로, 실시간 정보를 반영하지 못하는 정적 학습 방식의 한계가 있다. 일반적인 SOTA AI 모델은 사전 학습한 데이터를 기반으로 작동하며, 학습 이후에 발생한 새로운 정보를 처리하기 어렵다. 예컨대, 지피티-4와 같은 모델은 최신 사건이나 트렌드에 대한 정보를 포함하지 못해 변화하는 상황에서 적절한 답변을 제공하지 못하는 경우가 있다. 이는 금융, 법률, 의료와 같이 실시간 정보가 중요한 분야에서 심각한 제약으로 작용한다. 이를 보완하기 위해 빙 챗이나 챗지피티(ChatGPT)+웹(Web)과 같은 모델이 검색 기능을 결합해 실시간 데이터를 활용하려는 시도가 이루어지고 있지만, 검색 결과의 품질과 적시성에 크게 의존하고 있어 근본적인 해결책으로 보기는 어렵다.

셋째로, 계산 자원의 부담과 확장성의 한계가 있다. SOTA AI 모델은 대규모 매개 변수를 기반으로 높은 성능을 낼 수 있다. 이에 따라 학습과 추론 과정에서 막대한 계산 자원이 필요하다. 예를 들어, 챗지피티는 한 번의 요청 처리에 약 2.9Wh의 전력을 소비하는데, 이는 구글 검색의 0.3Wh보다 약 10배 높은 수치다. 이러한 대규모 AI 모델의 전력 소비는 데이터 센터의 에너지 사용량 증가로 이어진다. 국제 에너지 기구(IEA)는 전 세계 데이터 센터의 전력 사용량이 2022년 460T Wh에서 2026년에는 최대 1050T Wh로 증가할 것으로 전망하고 있다(PWC경영연구원, 2024). 이는 상당한 탄소 배출을 초래하며, 기술의 지속 가능성에 문제가 될 수밖에 없다. 또한 고성능 GPU나 TPU와 같은 전용 하드웨어에 대한 의존도는 기술 접근성을 제한해 소규모 조직이나 연구팀의 도입을 어렵게 만든다.

마지막으로, 할루시네이션 문제는 SOTA AI 모델의 신뢰성을 저해하는 주요 요소로 지적된다. 할루시네이션은 모델이 실제로 존재하지 않는 정보를 근거 있는 것처럼 생성하는 현상을 말한다. 예를 들어, 언어 모델이 자신 있게 제공한 응답이 실제로는 잘못된 정보일 경우, 이를 신뢰한 사용자가 잘못된 결정을 내릴 위험이 크다. 이는 특히 의료 진단이나 법률 자문과 같은 분야에서 심각한 결과를 초래할 가능성이 높다(Athaluri, et al., 2023). 이를 해결하기 위해 설명 가능한 AI(XAI) 접근법이 제안되고 있으며, 모델이 응답 생성 과정을 명확히 제시하고 사용자가 이를 이해할 수 있도록 돕는 연구가 진행 중이다. 하지만 이 역시 초기 단계에 머물러 있어 할루시네이션 문제를 완전히 해소하기에는 한계가 있다.

이처럼 SOTA AI 모델은 데이터 편향, 실시간 정보 반영의 어려움, 계산 자원의 부담, 그리고 할루시네이션 문제와 같은 다양한 도전에 직면하고 있다. 이러한 문제를 해결하기 위해 기술적 발전과 더불어 데이터 품질 관리, 에너지 효율성 강화, 신뢰성을 높이기 위한 다각적인 접근이 이루어지고 있다.

래그의 개념과 작동 원리

래그(RAG, Retrieval-Augmented Generation)는 대규모 언어 모델의 한계를 극복하기 위해 설계된 접근 방식으로, 검색(Retrieval)과 생성(Generation)을 결합해 더 정확하고 신뢰할 수 있는 정보를 제공하는 데 초점을 맞춘다. 기존 생성형 모델은 사전 학습된 데이터에 의존하기 때문에 실시간 정보 반영과 세부적 정확성에서 한계를 보인다. 반면, 래그는 검색 단계를 통해 외부 데이터베이스에서 관련 정보를 동적으로 가져와 이를 기반으로 텍스트를 생성해 이러한 한계를 극복한다(Lewis, et al., 2020).

래그의 작동 원리는 크게 두 단계로 나눌 수 있다. 첫 번째 단계는 검색(Retrieval) 단계다. 이 과정에서 래그는 질문이나 명령에 대한 의미적 표현을 생성하고, 이를 벡터로 변환한 후, 벡터 유사성 검색을 통해 외부 데이터베이스에서 관련 문서를 찾는다. 여기서 사용되는 데이터베이스는 정적일 수도 있고, 실시간으로 업데이트되는 동적 환경일 수도 있다. 검색 시스템은 일반적으로 고성능 문서 검색 알고리즘[예: BM25, DPR(Dense Passage Retrieval)]을 활용하며, 검색된 결과는 후속 생성 단계에 필요한 정보가 된다.

두 번째 단계는 생성(Generation) 단계다. 검색 단계에서 확보한 문서를 기반으로 대규모 언어 모델이 답변을 생성한다. 이 과정에서 생성 모델은 검색 결과를 단순히 복사하지 않고, 검색한 정보를 통합해 질문에 맞는 새로운 텍스트를 생성한다. 이러한 방식은 모델이 학습한 데이터만을 기반으로 응답을 생성하는 기존 방식과 차별화된다. 특히, 검색된 문서가 추가적인 맥락을 제공하기 때문에 답변의 신뢰성과 정확성을 높일 수 있다(Guu, et al., 2020).

래그의 통합 구조는 데이터의 검색 단계와 생성 단계를 긴밀하게 연결한다. 예컨대, 사용자가 "2024년 유엔총회에서 논의한 주요 의제는 무엇인가?"라는 질문을 입력하면, 검색 단계는 관련 문서를 빠르게 식별하고, 생성 단계는 이를 바탕으로 정교하고 일관성 있는 응답을 생성한다. 이 통합 과정은 사용자가 최신 정보에 접근할 수 있도록 돕는 동시에, 모델의 할루시네이션 문제를 완화하는 데 효과적이다. 다만, 래그의 성능은 검색 데이터베이스의 품질과 크기에 의존할 수밖에 없으며, 검색과 생성 간의 상호 작용이 매끄럽지 않으면 응답의 일관성이 떨어질 가능성도 있다.

래그의 가장 큰 강점은 신뢰할 수 있는 외부 데이터를

동적으로 활용한다는 점이다. 이를 통해 기존 생성형 모델이 직면했던 실시간 정보 부족, 신뢰성 저하, 할루시네이션과 같은 문제를 보완할 수 있다. 그러나 검색한 문서의 품질이나 신뢰성이 낮다면 오히려 잘못된 정보를 기반으로 응답을 생성할 가능성도 있다. 따라서 래그를 효과적으로 구현하려면 데이터베이스 관리와 검색-생성 통합의 최적화가 필수적이다(Borgeaud, et al., 2022).

래그의 활용과 응용

래그는 검색 기술과 생성 모델을 결합해 기존 AI 모델의 한계를 보완하고 있다. 특히 실시간 정보 처리, 고도의 전문성을 요구하는 분야, 그리고 대규모 데이터 통합이 필요한 분야에서 활발히 사용되고 있다.

빙 챗은 이러한 실시간 정보 활용의 대표적인 예로, 사용자가 질문을 입력하면 검색을 통해 최신 정보와 검증된 출처를 함께 제공한다. 예를 들어, 사용자가 "내일 서울 날씨는 어떨까?"라는 질문을 하면 빙 챗은 신뢰할 수 있는 기상청 데이터베이스에서 실시간 정보를 검색해 구체적인 날씨 정보를 제공한다. 또한 "새로운 스마트폰 출시 소식"과 같은 질문에 대해서는 여러 웹사이트의 검색 결과를 기반으로 요약한 정보를 생성하며, 신뢰성을 높이기 위해 검색된 웹페이지 링크를 함께 제공한다(Ma, et al., 2024). 이는 사용자가 정보를 직접 확인할 수 있도록 함으로써 생성형 모델의 신뢰성을 높인다.

특정 도메인에서 쓰이고 있는 래그 모델의 예로 블룸버그지피티가 있다. 블룸버그지피티는 방대한 금융 데이터를 기반으로 시장 동향 분석, 보고서 작성, 데이터 비교 작업을 지원한다. 이 모델의 검색 단계에서는 사용자가 입력한 질의에 따라 블룸버그 데이터베이스에서 관련 정보를 검색한다. 여기에는 실시간 시장 데이터, 경제 보고서, 주식 및 채권 정보, 주요 금융 뉴스가 포함된다. 생성 단계에서는 금융 도메인 특화 언어 모델이 금융 용어와 문맥을 반영해 정교한 결과물을 생성한다(Wu, et al., 2023).

예를 들어, 사용자가 "최근 5년간 기술주 수익률 동향을 분석해 줘"라고 요청하면, 블룸버그지피티는 기술주와 관련한 데이터(예: 나스닥 100지수의 성과, 주요 기술 기업의 연도별 수익률 변화)를 검색한 후 이를 기반으로 요약한 보고서를 작성한다. 결과물에는 연도별 성장률 그래프, 주요 기술 기업의 수익률 비교, 시장에 영향을 미친 주요 사건(예: 새로운 기술 발표, 규제 변화)이 포함될 수 있다. 이러한 정보는 시각화 도구를 통해 그래프와

표 형태로 제공되어 사용자가 데이터를 더 쉽게 이해할 수 있도록 한다(Liu, et al., 2023).

블룸버그지피티는 보고서 초안 작성에도 활용된다. 사용자가 "현재 금융 정책이 글로벌 채권 시장에 미친 영향을 요약해 줘"라는 요청을 입력하면, 모델은 최신 금융 정책 보고서와 시장 데이터를 검색한다. 예컨대, 중앙은행의 금리 인상 정책이 채권 시장에 미친 영향을 분석해, 금리 변화와 채권 수익률 간의 관계, 특정 국가의 채권 수요 변화, 정책 발표 이후 시장 변동성에 대한 분석을 포함한 보고서를 생성한다.

또한 블룸버그지피티는 데이터 비교 작업에서도 강점을 발휘한다. 예를 들어, "애플과 마이크로소프트의 2024년 예상 주가 수익률을 비교해 줘"라는 요청에 대해, 모델은 두 기업의 재무 보고서, 애널리스트 예측, 시장 점유율 데이터를 검색하고 이를 종합적으로 분석한다. 결과물에는 두 기업의 수익률 예상치, 시장 전략의 차이, 주요 성장 요인(예: 제품 라인업, 기술 개발) 등이 포함될 수 있다. 이를 통해 사용자는 경쟁 기업 간의 핵심 차이점을 빠르게 파악할 수 있다(Yan,g et al., 2023).

앞으로 블룸버그지피티와 같은 래그 기반 시스템은 금융뿐 아니라 다양한 산업에서 데이터를 활용하는 방식을 근본적으로 변화시킬 것으로 예상된다.

참고문헌

PWC경영연구원(2024). AI는 전기를 먹고 자란다: AI시대, 전력 소비 증가 원인 및 시사점. https://www.pwc.com/kr/ko/insights/issue-brief/samilpwc_causes-and-implication-in-electricity-power-ai-age.pdf

Athaluri, S. A., et al.(2023). Exploring the boundaries of reality: Investigating the phenomenon of artificial intelligence hallucination in scientific writing through ChatGPT references. *Cureus*, 15(4).

Bender, E. M., et al.(2021, March). On the dangers of stochastic parrots: Can language models be too big? *Proceedings of the 2021 ACM conference on fairness, accountability, and transparency*, pp.610-623.

Borgeaud, S., et al.(2022.6). Improving language models by retrieving from trillions of tokens. *International conference on machine learning*, pp.2206-2240. PMLR.

Guu, K., et al.(2020.11). Retrieval augmented language model pre-training. *International conference on machine learning*, pp.3929-3938. PMLR.

Lewis, P., et al.(2020). Retrieval-augmented generation for knowledge-intensive NLP tasks. *Advances in Neural Information Processing Systems*, 33, pp.9459-9474.

Liu, X. Y., et al.(2023). Fingpt: Democratizing internet-scale data for financial large language models. arXiv preprint arXiv:2307.10485.

Ma, L., et al.(2024). Crafting knowledge: Exploring the creative mechanisms of chat-based search engines. arXiv preprint arXiv:2402.19421.

Marcus, G. & Davis, E (2020). GPT-3, bloviator: OpenAI's language model has no idea what it's talking about. MIT Technology Review. https://www.technologyreview.com/2020/08/22/1007539/gpt3-openai-language-generator-artificial-intelligence-ai-opinion/

Wu, S., et al.(2023). Bloomberggpt: A large language model for finance. arXiv preprint arXiv:2303.17564.

Yang, Y., et al.(2023). Investlm: A large language model for investment using financial domain instruction tuning. arXiv preprint arXiv:2309.13064.

09
SOTA AI 모델의 미래 전망

SOTA AI 기술은 멀티모달 AI, 경량화된 모델, 래그와 같은 혁신을 통해 산업과 사회 전반에서 큰 변화를 예고하고 있다. 제조와 물류에서는 자동화를 가속화하고, 의료 분야에서는 단백질 구조 분석과 생체 데이터 활용을 통해 신약 개발과 질병 예측이 획기적으로 개선될 것이다. AI는 점점 인간과 필수적으로 협력하는 지능형 파트너로 자리 잡을 것이다. 그러나 이러한 발전은 사회적 신뢰와 윤리적 기준이 수반되어야 한다.

AI 모델의 기술적 발전

최근 AI 연구는 초거대 모델에서 멀티모달 AI로의 확장, 비용 효율적 학습 및 경량화된 모델, 래그와 같은 검색-생성 융합 모델의 혁신적 활용이라는 세 가지 주요 축을 중심으로 발전하고 있다. AI 기술은 텍스트 중심의 작업에서 벗어나 멀티모달 데이터 처리를 지향하고 있다. 지피티-4와 같은 대규모 언어 모델은 텍스트 기반 작업에서 높은 성능을 보여 왔지만, 최근에는 텍스트와 함께 이미지, 음성, 영상 등 다양한 데이터 유형을 동시에 처리할 수 있는 멀티모달 AI가 주목받고 있다. 예를 들어, 오픈AI의 지피티-4는 이미지 입력 기능을 추가해 사용자가 시각적 데이터를 포함한 질문을 입력하면 이를 바탕으로 적합한 결과물을 생성할 수 있다. 이러한 기술은 AI 모델이 단일 유형의 데이터를 처리하는 기존 방식에서 벗어나, 다양한 데이터 유형을 통합적으로 분석해 복합적인 문제를 해결할 수 있도록 한다. 이는 의료 영상 분석, 자율 주행 차의 환경 인식, 교육 콘텐츠 제작과 같은 복합적 데이터 활용이 필요한 응용 분야에서 중요한 역할을 한다.

AI 모델의 학습 및 실행 과정에서 발생하는 막대한 계산 비용은 기술적, 환경적 부담으로 지적되어 왔다. 이에 따라 비용 효율적 학습 및 경량화된 모델 개발이 중요한 연구 과제로 부상하고 있다. 미세 조정, 지식 증류(knowledge distillation), 그리고 양자화(quantization) 기술이 그 대표적인 접근법이다. 예를 들어, 모바일넷(MobileNet)은 모바일 환경에서도 효율적인 추론이 가능하도록 설계한 경량화 모델로, 연산량을 크게 줄이면서도 높은 정확도를 유지한다(Howard, et al., 2017). 이 모델은 깊이 분리 합성곱(depthwise separable convolution) 구조를 사용해 계산량을 최적화했으며, 스마트폰과 같은 소형 기기에서도 복잡한 작업을 수행할 수 있다.

그리고 AI 연산의 에너지 효율성을 높이기 위한 하드웨어와 알고리즘의 통합 최적화가 활발히 이루어지고 있다. 엔비디아는 고성능 AI 연산을 지원하는 GPU 아키텍처를 지속적으로 개선하고 있으며, 최신 GPU는 AI 모델 학습과 추론 과정에서 필요로 하는 에너지 소모를 크게 줄였다. TPU와 같은 전용 AI 칩은 정밀한 연산을 빠르게 수행하며 데이터 센터의 전력 사용량을 최적화한다. 예를 들어, TPU는 분산 학습과 대규모 데이터 처리에 특화되어 AI 시스템의 연산 효율성을 기존 CPU 대비 30~80%까지 높인다(Bizclik, 2024; Corral, et al.,

2024). 이러한 하드웨어 혁신은 데이터 센터에서의 탄소 배출량 감소와 지속 가능한 AI 시스템 설계로 이어지며, 대규모 AI 모델이 환경적 지속 가능성을 유지할 수 있는 기반이 된다.

또한 에너지 효율성을 극대화하기 위한 알고리즘적 접근도 병행되고 있다. 모델 훈련 과정에서는 연산량을 최소화하기 위해 희소 연산(sparse computation)을 활용하거나, 재활용 가능한 학습 데이터를 사용해 훈련 횟수를 줄이는 기술이 도입되고 있다(Zambrano, et al., 2019). 추론 단계에서는 다중 배치 처리를 통해 GPU 사용률을 최적화하거나, 사용자 요청에 따라 필요한 연산만 수행하는 방식으로 자원을 절약한다.

앞서 다루었던 래그도 외부 데이터베이스와 통합되어 최신의 신뢰도 높은 정보를 기반으로 최적화된 결과물을 출력하기에 SOTA AI 모델의 미래 방향성에 핵심적인 역할을 할 것으로 기대된다.

이러한 멀티모달 확장, 경량화, 검색-생성 융합 등의 발전은 다양한 산업에서 AI 모델을 도입하는 속도를 가속화하고, 사회적 문제를 해결하기 위한 중요한 도구로 자리 잡고 있다. 앞으로 AI는 인간과 협력하는 형태의 지능형 시스템으로 발전하며, 더 효율적이고 신뢰성 있는 기술로 진화할 것이다.

AI 물리 시뮬레이션 엔진의 비상

물리적 세계를 이해하고 재현하려는 인간의 노력은 AI 기술의 발달과 결합하며 새로운 단계에 이르고 있다. 최근에는 AI 기술이 접목되면서 기존의 수학적 모델과 연산 중심의 시뮬레이션에서 벗어나, 데이터 기반 학습과 실시간 처리가 가능한 새로운 차원의 물리 시뮬레이션 엔진으로 발전하고 있다. 이러한 엔진은 물리적 현상을 더 정밀하고 빠르게 재현하며, 복잡한 문제를 효과적으로 해결할 수 있다.

물리 시뮬레이션 엔진의 발전은 두 가지 주요 방향으로 이루어지고 있다. 첫 번째는 AI와 물리 엔진의 결합을 통한 예측력과 정밀도의 향상이다. 기존 물리 엔진은 수학적 모델과 초기 조건을 기반으로 작동하며, 물리적 상호작용을 계산해 시뮬레이션을 생성한다. 그러나 이 접근법은 복잡하고 비선형적인 물리 현상을 처리하는 데 한계가 있었다. AI 기술은 이러한 한계를 극복할 수 있도록 한다. 딥러닝과 강화 학습 알고리즘은 데이터를 학습해 물리적 법칙과 상호작용을 모델링하며, 기존 방식으로는 처리하기 어려운 복잡한 상황에서도 높은 정확도를 보인다. 예를 들어, 엔비디아의 피직스(PhysX)는 AI를 활용해 물리적 상호 작용의 시뮬레이션 속도와 현실감을 동시에 높은 수준으로 끌어 올렸다. 이 기술은 게임 개발과 가상 현실뿐 아니라 자율 주행 차 테스트와 같은 정밀도가 요구되는 분야에서도 활용되고 있다(Kaufmann, et al., 2021).

두 번째는 실시간 처리와 대규모 병렬 연산을 지원하는 고성능 시뮬레이션 플랫폼의 등장이다. 최신 물리 엔진은 GPU 및 TPU와 같은 하드웨어 가속 기술을 활용해 대규모 데이터와 복잡한 계산을 동시에 처리할 수 있다. 예를 들어, 제네시스(Genesis)는 AI 기술과 SOTA 피직스 솔버(physics solvers)인 MPM, SPH, FEM, PBD 등을 통합해 복잡한 물리적 상호 작용을 실시간으로 모델링한다. 이는 기존 GPU 가속 로봇 시뮬레이터보다 최대 10~80배 빠른 속도를 가지며, 광범위한 물리적 재료와 현상을 정확히 시뮬레이션할 수 있다. 또한 병렬 연산을 통해 수천 개의 시뮬레이션 작업을 동시에 수행할 수 있다(김우용, 2024).

제네시스는 카네기멜론대학교의 박사 과정 연구원인 저우시안(Zhou Xian)이 이끄는 연구팀과 스탠포드대학교, MIT 컴퓨터과학 및 인공지능 연구소(CSAIL), 엔비디아, 칭화대학교 등 여러 기관의 연구자들이 협력해 개발한 생성형 인공지능 기반 물리 시뮬레이션 플랫폼이다. 제네시스는 사용자 친화적인 API와 자연어 프롬프트 기반 시뮬레이션 생성 기능을 통해 물리 엔진의 접근성을 높였다. 사용자는 프로그래밍 없이 텍스트 명령만으로 복잡한 4D 환경을 생성할 수 있으며, 시각 언어 모델(VLM)을 사용해 시뮬레이션 속에서 탄성/가소성 물체의 동작, 카메라 움직임, 로봇 근육 등 비선형적이고 복잡한 물리적 상호 작용을 구현할 수 있다(Metral, 2024).

이러한 발전은 과학과 산업 전반에 혁신적인 변화를 가져오고 있다. 기후 변화 시뮬레이션에서는 대기와 해양의 상호 작용을 정밀하게 재현해 장기적인 기후 변화를 예측하고 극단적 기상 현상에 대비할 수 있다. 신소재 개발에서는 분자 수준의 상호 작용을 모델링해 실험 없이 새로운 소재의 특성을 예측하고 설계한다. 또한 자동차 제조 업체와 항공 우주 산업은 충돌 테스트와 비행 궤적 최적화를 위해 물리 시뮬레이션 엔진을 활용하며, 이러한 기술은 설계 초기 단계에서 안전성과 효율성을 높이는 데 중요한 도구로 자리 잡고 있다.

SOTA AI와 산업 및 사회의 미래

SOTA AI 기술은 앞으로 산업과 사회 구조를 재편하며,

기존의 한계를 넘어서 새로운 가능성을 창출할 것이다. 초거대 언어 모델, 멀티모달 AI, 래그와 같은 기술은 미래의 산업적 효율성을 극대화하고, 사회적 문제 해결에서 중추적인 역할을 할 것으로 기대된다. 이러한 전망은 산업 자동화, 글로벌 문제 해결, 인간-AI 협력이라는 세 가지 축을 중심으로 구체화할 수 있다.

산업 자동화와 초개인화의 융합은 SOTA AI의 발전이 가져올 핵심 변화 중 하나다. 미래에는 제조, 물류, 서비스 분야에서 완전한 자동화가 실현될 가능성이 높다. 예를 들어, AI 기반의 디지털 트윈 기술은 공장 전체를 가상으로 구현해 설계, 테스트, 운영을 실시간으로 최적화할 수 있다. 이는 인간의 개입 없이도 설계-생산-유지보수 주기를 스스로 관리하는 완전 자동화 공장으로 이어질 것이다. 서비스 산업에서는 초개인화된 고객 경험이 표준이 될 전망이다. 생성형 AI가 고객 데이터를 실시간으로 분석해 맞춤형 추천, 대화형 서비스, 예측적 지원을 제공하며, 고객과의 상호 작용을 획기적으로 개선할 것이다. 예컨대, AI가 실시간으로 소비자의 건강 상태를 모니터링해 적합한 식단을 추천하거나, 미래의 여행 계획을 최적화하는 서비스가 일상화될 것이다(Han,et al., 2024; Moradizeyveh, 2022).

그리고 글로벌 문제 해결에서 SOTA AI의 역할이 점차 중요해질 것이다. 기후 변화와 같은 복잡한 문제에서 AI는 더 정밀한 시뮬레이션을 통해 실효성 있는 예측을 할 수 있을 것이다. 예를 들어, 미래의 AI는 지역별 온실가스 배출 데이터를 실시간으로 분석하고, 최적의 감축 전략을 제안하며, 재생에너지 인프라 구축을 가속화할 것이다. 의료 분야에서도 신약 개발 프로세스가 혁신적으로 변화할 가능성이 크다. AI는 단백질 구조를 실시간으로 분석해 맞춤형 치료법을 제안하고, 생체 데이터를 기반으로 질병의 조기 예측 및 예방 계획을 제공할 것이다 (Qiu, et al., 2024). 이러한 발전은 의료 접근성을 획기적으로 개선하며, 특히 의료 자원이 부족한 지역에서 의료 소외 현상을 방지해 줄 것으로 기대된다.

인간-AI 협력의 새로운 패러다임도 미래의 중요한 변화 중 하나다. SOTA AI는 인간의 직관과 창의성을 보완하는 지능형 파트너로 자리 잡을 것이다. 창작 분야에서는 AI와 인간이 공동으로 콘텐츠를 제작하거나, 새로운 제품을 설계하는 작업이 주류가 될 수 있다. 예컨대, AI는 디자이너와 협업해 신제품의 디자인을 생성하고, 시장 데이터를 분석해 수요를 예측하며, 개발부터 마케팅까지의 모든 과정을 최적화할 수 있다. 또한 AI는 복잡한 연구 프로젝트에서도 중요한 역할을 할 것이다. 인간 연구자가 설계한 이론을 바탕으로 AI가 방대한 데이터를 분석하고, 이를 통해 새로운 통찰을 제시하는 방식으로 과학적 발견의 속도를 높일 것이다.

윤리적 과제와 기술적 투명성의 필요성은 미래 전망에서 간과할 수 없는 요소다. AI 기술이 점차 자율적으로 의사 결정을 내리는 단계로 발전함에 따라, 기술의 결과와 책임 소재를 명확히 하기 위한 규제와 표준이 필요하다. 예를 들어, AI가 금융, 의료, 군사와 같은 민감한 분야에서 실질적인 의사 결정 권한을 가지게 될 경우, 이에 대한 사회적 합의와 법적 체계가 동반되어야 한다. 또한 데이터 편향이나 기술 남용을 방지하기 위해 지속적인 모니터링과 개선이 필요하다.

SOTA AI 모델은 산업과 사회의 모든 영역에서 점진적 발전을 넘어, 질적인 변화를 불러올 것이다. 이러한 기술은 기존의 문제를 해결하는 데 그치지 않고, 인간의 창의성과 협력해 새로운 혁신을 만들어 낼 것이다. 다만, 기술적 발전과 함께 윤리적, 사회적 기준을 조화롭게 발전시킬 때 비로소 AI와 인간이 공존하는 지속 가능한 미래가 실현될 수 있을 것이다.

참고문헌

김우용(2024.12.20). 파이썬으로 짠 물리 시뮬레이션 엔진 '제네시스' 공개. 바이라인. https://byline.network/2024/12/20genesis/

Bizclik Admin.(2024). Energy efficiency challenges for data centres in the AI era. Bizclik. https://energydigital.com/articles/energy-efficiency-challenges-for-data-centres-in-the-ai-era

Corral, J. M. R., et al.(2024). Energy efficiency in edge TPU vs. embedded GPU for computer-aided medical imaging segmentation and classification. *Engineering Applications of Artificial Intelligence*, 127, 107298.

Han, M., et al.(2024). NutrifyAI: An AI-powered system for real-time food detection, nutritional analysis, and personalized meal recommendations. arXiv preprint arXiv:2408.10532.

Hoang, V. T. & Jo, K. H.(2021.7). Practical analysis on architecture of EfficientNet. 2*021 14th International Conference on Human System Interaction(HSI)*, pp.1-4). IEEE.

Howard, A. G., et al.(2017). Mobilenets: Efficient convolutional neural networks for mobile vision applications. arXiv preprint arXiv:1704.04861.

Kaufmann, L. S., et al.(2021). Accurate real-time physics simulation for large worlds. *VISIGRAPP(1: GRAPP)*, pp.135-142.

Metral, K.(2024). Meet genesis: The open-source 4D physics engine. Cosmico. https://www.cosmico.org/meet-genesis-the-open-source

-4d-physics-engine/
Moradizeyveh, S.(2022). Intent recognition in conversational recommender systems. arXiv preprint arXiv:2212.03721.
Qiu, X., et al.(2024). Advances in AI for protein structure prediction: Implications for cancer drug discovery and development. *Biomolecules*, 14(3), p.339.
Zambrano, D., et al.(2019). Sparse computation in adaptive spiking neural networks. *Frontiers in neuroscience*, 12, p.987.

10
최신 SOTA 모델 정보 학습 가이드

최신 SOTA AI 기술을 학습하려면 신뢰할 수 있는 경로를 통해 정보를 지속적으로 얻는 것이 중요하다. AI 콘퍼런스와 논문 플랫폼은 최신 기술 동향을 빠르게 파악할 수 있는 핵심 경로다. 논문이 부담된다면 오픈AI, 딥마인드, 구글 AI 블로그와 같은 기술 블로그를 통해 좀 더 쉽게 AI 기술을 익힐 수 있으며, 레딧(Reddit), 캐글과 같은 커뮤니티를 활용해 질의응답과 토론을 할 수도 있다.

AI 전문 콘퍼런스와 논문

최신 SOTA AI 모델을 학습하려면 신뢰할 수 있는 경로를 통해 정보를 지속적으로 확보하는 것이 중요하다. AI는 빠르게 변화하는 분야인 만큼, 정확한 정보와 최신 동향을 파악하지 않으면 기술적 우위를 놓치기 쉽다.

AI 관련 콘퍼런스는 최신 SOTA 기술을 가장 먼저 접할 수 있는 중요한 경로다. 세계적으로 주목받는 AI 관련 콘퍼런스로는 AAAI (Association for the Advancement of Artificial Intelligence), NeurIPS(Neural Information Processing Systems), ICML(International Conference on Machine Learning), CVPR(Conference on Computer Vision and Pattern Recognition), ICLR(International Conference on Learning Representations) 등이 있다. 각각의 콘퍼런스는 기계 학습, 딥러닝, 자연어 처리, 컴퓨터 비전 등 다양한 분야에서 최신 AI 기술을 새롭게 내놓고 있다.

이들 콘퍼런스에서는 최신 모델과 알고리즘의 성능을 벤치마크한 결과와 구현 세부 사항을 직접 접할 수 있다. 연구자들은 모델 성능을 비교한 데이터(예: BLEU 점수, COCO 메트릭)를 공개하며, 알고리즘의 개선 방법과 새로운 접근법에 대한 구체적인 설명을 덧붙인다. 또한 기

표 10-1. 주요 AI 분야 콘퍼런스

콘퍼런스	특징
AAAI	AI 전반의 이론과 응용 연구를 아우르는 콘퍼런스. AI 윤리, 정책 등 사회적 이슈에 대한 논의 활발.
NeurIPS	딥러닝, 강화 학습, 생성형 AI 등 최신 연구 발표. SOTA 모델의 성능 평가와 이론적 발전 논의.
ICML	기계 학습의 알고리즘 개선, 데이터 효율성 증대, 응용 사례 등의 연구 발표.
CVPR	컴퓨터 비전 및 패턴 인식 중심의 콘퍼런스. 객체 탐지, 이미지 처리, 텍스트-이미지 모델 등 발표.
ICLR	딥러닝 및 표현 학습 관련 연구 발표. 트랜스포머 등 현대 AI 모델의 핵심 구조 논의.

업 발표 세션에서는 AI 기술이 의료, 금융, 제조 등 다양한 산업에 실제로 적용된 사례를 확인할 수 있다. 이는 단순히 이론적 탐구를 넘어 실질적인 응용 기술을 확인할 수 있는 기회다.

콘퍼런스를 활용하려면 가장 좋은 방법은 직접 참여하는 것이겠지만, 시간과 비용이 많이 발생할 수 있으므로 발표되는 자료와 동영상에 효과적으로 접근하는 것이 중요하다. 콘퍼런스 대부분은 공식 웹사이트를 통해 논문과 세션 영상을 제공하며, 발표 후 몇 주 이내에 모든 자료가 공개되는 경우가 많다. 예를 들어, NeurIPS는 발표된 논문과 포스터 자료를 공개하고, 일부 튜토리얼은 유튜브(YouTube)를 통해 제공한다. ICLR과 같은 콘퍼런스에서는 키노트와 워크숍 녹화 영상을 비미오(Vimeo)에 업로드해 전 세계의 연구자가 접근할 수 있도록 한다.

콘퍼런스 논문은 단순한 이론을 다루는 것을 넘어 깃허브(GitHub) 등에서 오픈 소스 코드를 제공하는 경우가 많다. 이러한 자료를 활용해 논문 내용을 재현하고, 실험적으로 분석하는 과정에서 SOTA 기술에 대한 실질적 이해를 높일 수 있다.

콘퍼런스 못지않게 효과적인 대표적 경로는 논문이다. 논문은 AI 연구의 핵심적인 내용을 담고 있으며, 모델의 이론적 배경, 구현 세부 사항, 성능 평가 등을 확인할 수 있다. 대표적인 플랫폼으로는 아카이브(arXiv), 구글 스칼러(Scholar), 그리고 시맨틱 스칼러(Semantic Scholar)가 있다. 각 플랫폼은 고유한 기능과 강점들이 있다.

미국 코넬대학교에서 운영하는 무료 논문 저장 사이트인 아카이브는 가장 널리 사용되는 오픈 액세스 논문 아카이브로, AI와 관련된 최신 연구가 선행 출판(preprint) 형태로 게시된다. 많은 연구자가 NeurIPS,

ICML, CVPR 등 주요 콘퍼런스에서 발표할 논문을 먼저 아카이브에 공개하므로, 이를 정기적으로 확인하면 최신 연구 동향을 누구보다 빠르게 파악할 수 있다.

구글 스칼러는 논문 검색과 인용 분석에 특화한 플랫폼으로, 방대한 학술 자료를 체계적으로 탐색할 수 있도록 설계되어 있다. 사용자는 키워드 검색을 통해 주제와 관련한 연구를 쉽게 찾을 수 있으며, 논문 간 인용 관계를 분석해 특정 주제에 대한 연구 흐름을 폭넓게 이해할 수 있다.

특히 구글 스칼러의 "관련 논문(Related Articles)" 및 "인용한 논문(Cited by)" 기능은 특정 논문과 연결된 연구를 연속적으로 탐구하는 데 유용하다. 이를 통해 사용자는 주요 SOTA AI 모델뿐 아니라 해당 연구를 기반으로 발전한 후속 모델까지 한눈에 파악할 수 있다.

시맨틱 스칼러는 AI를 활용해 논문의 핵심 내용을 간결하게 정리하고, 연구 간 관계를 시각적으로 표현하는 고급 학술 검색 플랫폼이다. 시맨틱 스칼러의 주요 기능 중 하나는 시멘틱 리더(Semantic Reader)로, 사용자가 논문을 읽을 때 자동으로 짧은 요약문을 생성해 연구 내용을 빠르게 파악할 수 있도록 돕는다. 이 기능은 초록(Abstract) 이상의 정보를 제공하며, 논문 전체를 읽지 않고도 연구의 주요 아이디어를 이해하는 데 도움을 준다. 그리고 AI 기술을 통해 사용자가 관심 있는 논문을 학습하고 사용자에게 최신 관련 연구 정보를 추천하는 기능을 가지고 있다(Kinney, et al., 2023).

논문 플랫폼을 효과적으로 활용하려면 몇 가지 전략이 필요하다. 먼저, 관심 분야에 적합한 키워드를 설정해 검색하는 것이 중요하다. 예를 들어 "Transformer", "Pretrained Model", "State-of-the-Art"와 같은 주요 키워드를 선별해 주제를 명확히 좁혀 주어야 한다. 그리고 발표 연도, 인용 횟수 등의 조건을 필터링해 우선순위가 높은 논문을 검토하는 것도 좋은 방법이다.

기술 블로그와 커뮤니티 활용

연구 논문과는 달리 실질적인 응용에 초점이 맞춰져 있는 기술 블로그와 AI 커뮤니티는 최신 AI 기술과 SOTA 모델의 활용 사례를 빠르게 접할 수 있는 유용한 창구다. 이들은 양방향적인 커뮤니케이션이 가능하므로, 이해가 잘 안 되는 부분이나 모델의 개선 아이디어 등을 다른 전문가들과 함께 나눌 수 있다는 장점이 있다.

기술 블로그는 AI 연구 기관과 기술 기업이 연구 결과와 기술 동향을 공유하는 주요 매체다. 대표적으로 오픈

AI 블로그, 딥마인드 블로그, 그리고 구글 AI 블로그가 있다.

오픈AI 블로그는 지피티 시리즈와 달리 같은 초거대 언어 모델과 생성형 AI를 중심으로 연구 결과와 실제 사례를 소개한다. 지피티-4와 관련한 글에서는 모델의 훈련 과정, 데이터 처리 방식, 다양한 활용 사례를 구체적으로 다뤘다. 이를 통해 독자는 모델의 작동 원리뿐만 아니라 실질적인 활용 가능성을 이해할 수 있다.

딥마인드 블로그는 혁신적인 AI 기술 연구를 심도 있게 다루는 한편, 이를 다양한 응용 사례와 연결해 설명하는 것이 특징이다. 특히, AI 모델 연구 내용을 다양한 산업적 활용과 연결하는 것에 중점을 둔다. 강화 학습, 생물학적 데이터 분석, 게임 이론 등에서 활용된 기술의 사례와 그 영향을 소개하며, 연구 성과가 실제 문제를 해결하는 과정과 결과를 다룬다.

구글 AI 블로그는 AI 연구와 실무를 연결하는 다양한 주제를 다루며, ViT와 버트와 같은 모델의 연구 배경과 성능을 다양한 데이터 세트에서의 응용 사례와 함께 소개한다.

AI 기업에서 운영하는 블로그뿐만 아니라 유명한 AI 석학이 운영하는 블로그도 SOTA AI 모델의 최신 정보를 얻는 데에 큰 도움이 된다. AI와 머신 러닝 분야의 선구자인 앤드류 응(Andrew Ng)이 운영하는 블로그는 머신 러닝과 딥러닝의 기초부터 고급 주제까지 폭넓은 학습 자료를 다루며, 이를 쉽게 이해할 수 있도록 설명하는 글이 많이 포스팅되어 있다. 앤드류 응은 AI의 윤리적 측면과 사회적 영향에도 관심이 많아 블로그에서 책임 있는 기술 개발과 AI의 긍정적 활용 방안을 논의하기도 한다(WSJ, 2024).

AI 커뮤니티는 기술적 문제 해결과 정보 교류의 장으로, 연구 실습 과정에서 발생하는 다양한 궁금증과 논의 사항을 자유롭게 나눌 수 있다. 레딧(r/MachineLearning)은 연구자와 개발자들이 논문 리뷰, 기술 토론, 새로운 도구 소개 등을 활발히 진행하는 공간이다. 이름은 머신 러닝이지만, 사실상 AI 전반을 다루는 커뮤니티다. 이곳에서는 딥러닝, 강화 학습, 생성형 AI, 자연어 처리, 컴퓨터 비전 등 AI와 관련한 다양한 주제가 활발히 논의되고 있다. 새로운 모델이나 기술이 발표될 때마다 커뮤니티에서 이를 분석하고, 활용 방법과 한계에 대해 논의한다. 지피티-4 발표 이후 커뮤니티에서는 성능 평가와 실제 사례 적용에 대한 심도 있는 논의가 이어졌다.

스택 오버플로(Stack Overflow)는 AI 개발자가 모델 개발 과정에서 직면한 문제를 해결하는 데 도움을 주는 플랫폼이다. 마치 네이버의 지식인과 같이, 코드 오류나 알고리즘에 관한 질문에 대해 집단 지성이 활발히 답변을 올리며, 간단한 논의가 이루어지기도 한다.

마지막으로, 캐글 토론 포럼은 데이터 과학과 머신 러닝 대회를 중심으로 활동하는 커뮤니티다. 사용자들은 데이터 세트 활용, 모델 성능 최적화, 그리고 대회 중 얻은 노하우를 공유하며, 팀을 구성해 협업할 수도 있다. 그리고 대회 상위권 참가자들이 제공하는 모델의 코드와 분석 내용은 학습 자료로 유용하게 사용될 수 있다.

참고문헌

Kinney, R., et al.(2023). The semantic scholar open data platform. arXiv preprint arXiv:2301.10140.

WSJ(2024). How artificial intelligence is changing work. https://www.wsj.com/podcasts/tech-news-briefing/how-artificial-intelligence-is-changing-work/45c00bcd-f119-45ff-8fde-3b6cd12749bb

황세웅

선문대학교 SW융합대학 AI소프트웨어학과 교수로 머신 러닝, 인공지능, 파이썬 프로그래밍 등을 가르치며 관련 연구와 프로젝트를 하고 있다. 연세대학교에서 센서 데이터를 활용한 실시간 대중교통 체계(Real-time Public Transportation Systems) 연구로 박사 학위를 받았으며, 약 8년간 코오롱, 롯데 그룹에서 데이터 분석가 및 데이터 사이언티스트로서 다양한 비즈니스 도메인의 데이터를 분석하고 추천 시스템, 수요 예측 알고리즘 등의 모델을 구축 및 운영했다. 주요 저서로 『데이터분석가가 반드시 알아야 할 모든 것』(2023) 등이 있다.